송광사
사찰숲

송광사 사찰숲

초판1쇄 인쇄 2019년 5월 7일
초판1쇄 발행 2019년 5월 14일

지은이 | 전영우
펴낸이 | 남배현

기획 | 모지희
책임편집 | 박석동
펴낸곳 | 모과나무
등록 2006년 12월 18일(제300-2009-166호)

주소 | 서울시 종로구 종로19, A동 1501호
전화 | 02-725-7011
전송 | 02-732-7019
전자우편 | mogwabooks@hanmail.net

디자인 | Kafieldesign

ISBN 979-11-87280-35-4 (03220)

이 도서의 국립중앙도서관 출판예정도서목록(CIP)은
서지정보유통지원시스템 홈페이지(http://seoji.nl.go.kr)와
국가자료공동목록시스템(http://nl.go.kr/kolisnet)에서
이용하실 수 있습니다.(CIP제어번호 : CIP2019017565)

ⓒ 전영우, 2019

모과나무 (주)법보신문사의 출판 브랜드입니다.
지혜의 향기로 마음과 마음을 잇습니다.

송광사
사찰숲

전영우 지음

모과
나무

사찰숲을 다시 조명하다

매일 아침 맞이하는 조계총림曹溪叢林 송광산松廣山의 녹음을 보고 있노라면 자연과 산림을 보호하고 가꾸어온 선대 큰스님들의 노력에 저절로 감사의 절을 올리게 됩니다. 예로부터 산림山林은 부처님과 수행자들이 안거에 들어 수행 정진했던 도량 그 자체였습니다.

조계총림 송광사松廣寺는 우리나라 수많은 도량 가운데 사찰숲과 아주 특별한 연원으로 산문을 열었습니다. 개산과 관련된 세 가지 전설 모두가 나무와 연관돼 있으니 사찰숲으로 인해 도량의 역사가 시작되었고 사찰숲을 터전으로 수행의 맥을 이어왔으며 오늘날까지 총림叢林으로서의 사격을 유지할 수 있었다고 해도 과언이 아닙니다.

평생을 사찰숲 연구에 매진해온 전영우 선생이 펴낸《송광사 사찰숲》은 송광산림을 지켜 오신 선대 큰스님들의 노력과 혜안을 비롯하여 우리나라 수많은 사찰 가운데 유일하게 산림 관리에 대한 200년의 생생한 역사를 탁월한 견해로 재조명하고 자연유산으로서, 사찰의 재정을 보완하는 경제림으로서의 가치를 집대성한 역작이라고 생각합니다.

일제강점기에 편찬된 산림부를 포함한《조계산송광사사고曹溪山松廣寺史庫》는 1920년대 금명보정錦溟寶鼎, 기산석진綺山錫珍, 용은완섭龍隱完燮 등 세 분 큰스님들의 주도 아래 편찬 작업이 시작되었고 1931년 완료되었다고 합니다. 돌이켜 생각해보니 선대 큰스님들의 송광산림부를 사료적 가치로서 정리하고 보관은 해왔으나 전영우 선생과 같이 송광산림의 보존 역사와 가치를 체계적으로 집대성한 것은 이번이 처음이 아닌가 생각합니다.

산림부를 만든 세 분의 스님들이 사고에서 적고 있듯이 이제 사찰숲은 보존하고 지키는 데 중점을 둘 것이 아니라 그것을 활용해 경제적인 부가가치를 높여 사찰의 재정자립에 활용해야 할 때라는 데 공감합니다. 사찰숲 전문가 전영우 선생의 노력이 배어있는《송광사 사찰숲》출간을 계기로 전국 사찰숲의 보존 역사와 경제적 가치, 향후 적극적인 활용 방안 등의 지혜가 결집되는 계기가 되기를 발원합니다. 전영우 선생의《송광사 사찰숲》출간을 총림 대중들과 함께 축하드립니다.

조계총림 송광사 주지 진화眞和 합장

산사山寺의 의미

2018년 6월, 한국의 산사 일곱 곳이 세계문화유산으로 등재되었습니다. 한국불교 사찰의 특징 중 하나가 바로 산사山寺라는 점에서 산과 사찰은 불가분의 관계입니다. 속세의 번잡함을 떠나 그윽한 선경과도 같은 위치에 자리 잡은 산사는 수행만을 위한 은둔의 성지만은 아니었습니다. 우리나라에 불교가 전래된 이후 1천 년 이상의 역사를 간직한 산사를 보면 수행처로서의 인문학적 환경은 물론 자연생태학적 환경으로도 매우 뛰어난 곳에 자리하고 있음을 알 수 있습니다. 이런 산사와 이를 둘러싸고 있는 산과 그 숲은 서로 밀접한 관계 속에서 오늘날까지 이어오고 있습니다.

송광사 스님들은 예부터 기록을 철저히 하였습니다. 일본과 중국의 침입과 여러 차례의 화재로 사찰이 잿더미가 되는 수난 속에서도 천년의 역사를 수집하고 정리하여 네 권의 책으로 엮었습니다. 그 책이 바로《조계산송광사사고》인데〈건물부〉,〈인물부〉,〈잡부〉,〈산림부〉로 구성되어 있으며 현재 등록문화재입니다. 또한

6·25전쟁으로 폐허가 된 사찰을 재건하는 과정에서도 스님들은 종무 일기나 개인 일기를 통해 문화재를 지키고 산림을 관리하는 사항을 면밀히 기록하는 것을 멈추지 않았습니다. 이와 같은 역사적 사실을 몇몇 식자들은 알고 있지만, 그동안 일반인에게는 잘 알려지지 않은 것이 사실입니다.

이 책《송광사 사찰숲》덕분에 이와 같은 사실이 일반에게 널리 알려지고 후세에까지 전할 수 있다는 사실에 큰 의미가 있다고 봅니다. 산림은 재생가능성을 가진 자원으로서 과거에 숲은 사찰을 경영하는 데 필요한 경제수단으로서의 가치가 컸습니다. 반면에 지금의 숲은 과거의 그 역할과 더불어 인류의 역사와 문화를 담은 생태적 환경이라는 의미가 더욱 큽니다. 따라서 자연유산으로서 그 가치를 보존하고 미래의 후손을 위해 지켜나가는 노력이 필요합니다.

《송광사 사찰숲》에서는 숲을 관리하는 과거와 현재와 미래를 이야기합니다. 즉 지난 200여 년 동안 산림을 가꾸고 지켜왔던 스님들의 활동을 중심으로 과거의 사찰 역사를 고찰하는 동시에 앞으로 우리가 어떻게 숲을 가꾸고 보존해야 하는지 현재와 미래의 과제에 대해 그 방법과 방향을 구체적으로 제시합니다. 저는 이 책을 보면서 조계산 송광사는 '조계산의 송광사'라는 것을 알 수 있었습니다.

송광사 성보박물관장 고경古鏡 합장

고승의 혜안

1920년대 사찰 가람의 사진을 도서관에서 처음 보았다. 울창한 숲속에 빈틈이라고는 없이 조화롭게 자리 잡은 전각은 50여 년이 지난 지금도 뇌리에 잊히지 않는다. 흑백사진 속에서도 숲속의 가람은 생생하게 다가와 신비롭게 느껴졌다.

대학에 적을 둔 이후, 학창 시절 도서관에서 본 사진 속의 사찰이 송광사松廣寺라는 걸 알았다. 16국사를 배출한 승보僧寶사찰이라고 했다. 산림학에 천착하면서 내게는 16국사 가운데 어떤 분보다 세 분의 스님이 중요하게 다가왔다. 금명보정, 기산석진, 용은완섭 스님이다. 이 세 분은 지금으로부터 90여 년 전인 1920년대에 송광사에서 보관하고 있던 산림 관련 사료를 모으고 정리해서 책으로 엮은 분들이다. 세 분 스님이 남긴《조계산송광사사고》〈산림부〉가 아니었으면 당시를 알 수 있는 방법은 없었을 것이다. 산림에 관해 구체적인 기록을 남긴 사찰은 송광사가 유일하기 때문이다.

인암忍庵 스님과 고경古鏡 스님도 빼놓을 수 없다. 송광사 성보박물관장인 고경 스님이 국 끓이는 소임(갱두羹頭)을 맡았던 1984년의 행자 시절 이야기를 들었을 때 송광사 사찰숲은 내게 숙명처럼 느껴졌다. 여느 날처럼 국을 끓이고자 꺼내든 불쏘시개 종이 뭉치가 예사롭지 않음을 깨닫고 고경 스님은 교무스님께 그 뭉치를 보관해 달라고 했단다. 세월이 흘러 박물관을 책임지면서 그 자료를 되찾아 살펴보니 1943년에서 1948년까지의 송광사 금전출납부였다. 최근 나한테 건네진 출납부를 분석하니 놀라운 사실이 밝혀졌다. 출납부에는 그 당시 사중의 사소한 입출금 내역뿐만 아니라 산림작업과 보호를 위해 동원된 임무林務의 숫자와 지급한 급료, 송광사 산림에서 얻은 수입 내역이 낱낱이 기록되어 있었다. 사중의 전체 수입 금액을 분석하니 사찰 운영에 필요한 경비의 절반 이상이 매년 산림 수입으로 충당되었다는 사실을 확인했다. 광복 전후의 어지러운 시대 상황에서 사찰숲이 사찰 운영에 필수불가결한 환금 자원이었음을 구체적으로 증언하는 자료인 것이다. 이 출납부는 송광사 사찰숲 연구 막바지에 느닷없이 등장해 나에게 안겨진 엄청난 보너스였다.

송광사 사찰숲에 관한 기록과 고경 스님의 인연은 더 있다. 고경 스님은 1999년 4월 종무소 서고를 정리하고 있었다. 그곳에서 검은색 표지의 '재건 일기장'을 발견했는데 거기에는 하루 한 쪽씩 1962년에 일어난 송광사 종무宗務에 관한 내용이 기록되어 있었다. 일기장의 필적을 대조한 결과, 이 일기를 작성한 분은 그 당시 종무일을 담당했던 인암 스님이라고 추정했다. 고경 스님은 이 종무일기 내용을 한글 프로그램 파일로 입력하고 오탈자에 대해서는 당일 기사 끝에 주를 다는 한편 부록으로 '찾아보기'까지 만들어 송광사 성보박물관에 보관해왔다. 나는 송광사 산림 역사를 연구하면서 그 종무일기의 사본을 참고자료로 받을 수 있었다. 사찰의 산림 관련 기록을 쉬이 찾을 수 없는 광복 전후의 혼란기를 고려하면 금전출납부와 종무일기와 같은 사료를 간과하지 않고 보관해온 고경 스님의 선견지명에 감복할 따름이다. 혜안을 지닌 스님들 덕에 송광사 역사를 산림의 관점에서 연구해볼 행운을 얻었다.

종파나 유명한 고승대덕의 영향력 없이 순전히 자연 자원의 이용 관점에서 한 사찰의 존립이나 지속성을 고찰한 사례는 없었다. 그러하기에 송광사가 천년 세월을 존립할 수 있었던 배경을 살펴보는 일은 조심스러울 수밖에 없다. 하지만 조계산이 없었다면 송광사가 존재할 수 있었을까? 고려시대 이래 송광사가 관리했던 산림이 없었다면 오늘날의 송광사가 과연 지속될 수 있었을까?

사찰이 소유한 산림을 흔히 사찰림寺刹林이라 하고, 한때는 사찰유림寺刹有林이나 사유림寺有林[1]이라고도 불렀다. 오늘날은 사찰숲이라고도 한다. 사찰숲은 가람이 자리 잡은 주변의 숲이다. 사찰숲은 사찰 존립의 물적 토대가 되는 중요한 공간이자 자연 자원이다. 산림 자원은 적절히 관리하면 지속적으로 이용할 수 있다는 점에서 매력적이다. 광물자원이나 화석자원 등은 한 번 사용하면 다시 재생되지 않지만 수목은 벌채 후 나무를 심고 적절하게 육성하면 몇 십 년 후에는 다시 그 자원을 이용할 수 있다. 즉, 일정액의 원금(산림)을 은행(산)에 저축(자라게)해두고 발생되는 이자(한 해의 생산량) 범위 내에서 사용(벌채하여 이용)하면 지속적으로 이용할수 있다. 산림을 재생가능 자원이라 부르는 이유이다.

송광사는 우리나라 수많은 사찰 가운데 유일하게 산림 관리에 대한 200년 역사를 보유하고 있다. 혜안을 지닌 스님들 덕분에 송광사 사찰숲 200년 역사를 들여다볼 기록을 전할 수 있었던 것이다. 그 은덕으로 누구도 상상하지 못했던 일을 시도할 수 있게 되었다. 앞으로 천년을 준비할 사찰숲은 어떤 모습이어야 하고 지금을 사는 우리는 어떤 일을 해야 하는지는 지난 역사 연구를 통해 분명해지지 않을까. 송광사 사찰숲이 그 길을 알려줄 것이다.

이 책《송광사 사찰숲》의 주요 내용은 2015년 수행된 〈송광사 자연유산, 사찰림〉 보고서를 바탕으로 했다. 덧붙여 그 사이 보완한 산림과 사찰의 성쇠를 지속가능성 관점에서 고찰한 최근의 연구내용을 추가했다. 그러므로 이 책은 고경 스님의 다양한 연구자료 제공, 열악한 여건을 애써 무시하고 출판을 결정한 모과나무 출판사의 무모한 열정 덕분에 세상에 나올 수 있었다. 물심양면으로 성원해주신 여러분께 거듭 감사 말씀을 드린다. 송광사 주지 진화 스님과 사부대중의 격려도 큰 힘이 되었음을 함께 밝힌다.

2019년 봄

전영우

차례

01
산림부,
송광사의
유래를
밝히다

산림부의 가치 | 022

산림부를 만든 사람들 | 028

추천의 글 | 005
책머리에 | 009

02
천년의
가람

가람의 구성 | 032

가람의 성쇠와 자연자원 | 033

가람 축조와 목재 소요량 | 038

시대별 산림 상태 | 041

03
조선의
산림정책

조선의 금산제도 |052

조선의 봉산제도 |054

조선시대 사찰 상황 |056

04
송광사

송광사 가람의 역사 |067

송광사의 산림 규모 |069
 – 송광사 소유 산림 필지 |070
 – 송광사 산 지명 |073

송광사 중창 |076
 – 중건중수용 목재 소요량 |079

송광사 산림의 감당 능력 |082

05
송광사 산림의
형성

송광사 산림 변천 과정 |091
 – 율목봉산(1830) 경계 |093
 – 향탄봉산(1900) 경계 |100

조선 말기의 산림 소유권 분쟁 |102
 – 사찰의 산림 소유 |103
 – 송광사의 가구동 산 분쟁 |105
 – 송광사의 장막동 산 분쟁 |107

일제강점기의 현대적 산림 소유권 형성 |111
 – 조선통감부의 지적 신고(1909) |111
 – 일제강점기의 임야조사사업(1919~1928) |113

사찰숲의 규모 변화 |116
 – 봉산구역과 일제강점기 산림 규모 비교 |116
 – 일제강점기와 현대의 산림 면적 비교 |119

사찰숲의 수종 구성 변화 |121
 – 지난 100년간의 임상 변화 |121
 – 지난 40년간의 수종 변화 |127

06

송광사
산림 관리 역사

조선시대 | 131
　─송광사의 율목봉산 금양 | 134
　─송광사의 향탄봉산 금양 | 149

일제강점기 | 157
　─시업안 작성 배경 | 158
　─송광사 시업안 | 160
　─벌채 및 조림 | 173

광복 전후(1943~1948) | 180
　─송광사 금전출납부 | 180
　─금전출납부에 나타난 산림 수익 | 182

1960년대 | 186
　─송광사 종무일기 | 186
　─종무일기에 나타난 산림 구역 | 187
　─종무일기에 나타난 산림 관련 업무 | 188

현재 | 190
　─개괄적 현황 | 191
　─필지별 현황 | 195

07

맺음말

미래 천년 숲을 위한 제언 | 222

참고문헌 | 233
주注 | 235
찾아보기 | 242
송광사 봉산숲·답사 | 256

©유동영

01

산림부,
송광사의
유래를
밝히다

《조계산송광사사고》〈산림부〉(이후 산림부)는 산림과 관련된 송광사의 사지寺誌이다.《조계산송광사사고》에는 산림부 이외에 건물부와 인물부와 잡부도 있다. 대부분 사지가 사찰 연혁과 관련 인물들의 활동을 중심으로 기술한 것에 비해 송광사 산림부는 송광사 산림과 관련된 역사적 사실을 기록한 점이 여타 사지와 확연히 다른 특징이다.

산림부는 1930년대 금명보정錦溟寶鼎, 기산석진綺山錫珍, 용은완섭龍隱完燮 세 분 스님이 송광사에 보관 중인 산림과 관련된 사료를 모으고 정리해서 묶은 책이다. 조선 후기 봉산 관리와 소유권 분쟁, 일제강점기 소유권 확립과 산림 경영에 관한 내용으로 구성되어 있다. 산림부는 조선 후기 산림정책에 따른 사찰의 대응과 백성들을 동원했던 방법을 함께 확인할 수 있는 기록이라는 점에서 그 가치가 높다. 국가의 산림정책과 사찰의 산림 관리와 백성의 산림 이용 관행을 파악할 수 있는 자료로 산림부만 한 기록이 없기 때문이다. 나라 전역의 산림 이용이나 관리에 대한 구체적인 공식 기록물이 없는 실정에서 산림부는 조선 후기 망실된 '한국 산림사'나 '한국 임업사'의 한 장을 온전히 복원해준다. 송광사 산림의 문화사적, 산림사적, 임업사적 가치는 그래서 산림부 덕분이다.

산림부의 가치

산림부는 사찰숲의 기원과 유래를 밝힌다.

역사가 오래된 사찰마다 사찰숲이 있지만 그 숲의 기원과 유래를 밝히는 문서는 거의 없다. 다수의 사찰이 조선시대에 있었던 임진왜란과 병자호란과 같은 외침으로 불에 탔고 사찰의 존립조차 쉽지 않았던 억불숭유의 시대적 상황까지 겹쳐 많은 기록들이 망실되었다. 일제강점기와 6·25전쟁을 겪으며 사찰의 수많은 전적들이 유실되었을 때 사찰숲에 관한 기록도 사라지지 않았나 추정할 뿐이다. 사찰과 관련된 수많은 전적들이 사라진 현실에 비추어 볼 때, 또 사찰숲에 대한 인식이 일천한 이즈음의 세태를 감안할 때, 사찰이 숲과 관련된 기록을 보전하기란 쉽지 않았을 것이다. 송광사 산림부가 더욱 중요한

《조계산송광사사고》 건물부, 인물부, 잡부, 산림부

이유이다. 산림부는 사찰숲의 기원과 유래를 "절을 창건할 때 땅을 나누어받는 것은 신라 때부터 존숭되어온 것(策肋寺封彊羅代之尊崇也)"이라고 밝히고 있다. 이 구절은 사찰숲(柴地)도 사찰 전답(寺院田)과 마찬가지로 사찰의 창건과 함께 삼국시대부터 국가에서 하사받은 사패지賜牌地에서 유래되었음 증언하는 귀중한 대목이다.

유사한 내용을 삼국유사에서도 찾을 수 있다. 《삼국유사》 권3 탑상4 대산오만진신조臺山五萬眞身條에 따르면, "오대산에 수행하던 효명이 왕으로 즉위한 지 몇 해가 지난 신룡 원년(705, 성덕왕 4년) 진여원眞如院을 개창하고, 왕이 친히 백료를 거느리고 오대산에 와서 전당을 만들어 열고 문수보살상을 흙으로 빚어 건물 안에 안치하였다. 공양할 비용은 매해 봄가을에 산에서 가까운 주, 현의 창에서 조 100석과 정유淨油 1섬씩 공급하는 것을 규칙으로 삼았다. 진여원에서 서쪽으로 6천보 떨어진 곳으로부터 모니점牟尼岾과 고이현古伊峴 바깥에 이르기까지의 시지柴地 15결結, 밤나무 숲 6결, 전답 2결에 처음으로 장사莊舍를 두었다"고 한다.

《삼국유사》에 수록된 진여원(오늘날의 상원사)의 기록은 1,300여 년 전 국왕(국가)은 사찰을 창건할 경우, 사찰 운영에 필요한 식량은 물론이고 땔감 조달용 산림도 함께 하사하였음을 의미한다. 바로 산림부의 내용과 정확하게 일치하는 대목이다. 대부분의 사찰들이 사찰숲에 대한 문서가 망실되어 사찰숲의 기원이나 유래를 확인할 수 없는 실정에 송광사는 산림부를 통해서 사찰숲을 국가(왕실)에서 하사받은 것임을 명확하게 밝히는 기록이 있다는 점에서 특별하다.

산림부는 조선시대 사찰의 산림 소유를 증명한다.

조선은 산림천택여민공지山林川澤與民共之의 이념에 따라 개인의 산지 소유를 원칙적으로 인정하지 않았다. '산림과 하천과 못은 온 나라 사람이 그 이익을 나누어 가진다'는 이 이념은 '원칙적으로 국가가 나라 전역의 산림을 소유하지만, 역제도, 진상공물제도, 잡세제도 등으로 백성 누구나 산림을 이용할 수 있도록 한다'는 것이다.[2] 개인이나 사찰이 산림을 독점적으로 이용한 사례로 개인의 사양산私養山과 사찰의 시지柴地를 들 수 있다. 사양산은 조선시대에 나무나 풀 따위를 베지 못하게 하면서 개인이 가꾸던 사유지이다. 하지만 조정에서 공식적으로 해당 산림의 소유권을 개인이나 사찰에 인정한 예는 극히 드물다. 조선 후기에 이르러 개인이 사용한 묘소 주변 임야를 분산수호墳山守護라 하여 사적 소유를 인정한 사례 역시 산지의 이용권만 인정했지, 소유권은 끝까지 국가가 인정하지 않았다.[3] 비록 국가가 산지 소유를 인정하지 않았을지라도, 개인의 산지 사점私占 행위는 공공연하게 진행되었다.

개인의 산지 사유화 과정이 명확하지 않았던 조선 후기에 사찰이 왕실 사패지(땔감숲, 태봉과 능침 주변의 산지, 봉산)를 실질적으로 소유하게 된 과정을 밝히는 기록은 없다. 사찰은 국가(왕실)에서 하사한 사패지의 소유권을 자동으로 부여받았는지 또는 일정한 기간 동안 산지 금양禁養(타인의 간섭 즉 도벌, 방화, 입장, 개간, 토석 채취 등을 금하고 산림을 양성한다는 의미)의 실적을 쌓은 이후에 소유권을 확보하게 되었는지 알 수 없다. 이런 상황에서 산림부는 조선시대 사찰이 산지를 직접 소유했음을 간접적으로 증언한다.

"오랜 세월 동안 봉산이던 곳이 하루아침에 근거도 없는 승려에게 빼앗길 참이니 참으로 억울한 일입니다.""막중한 봉산을 빼앗기지 않도록 군수님께서 처분해주시기를 천 번 만 번 손 모아 간절히 바랍니다."

이 내용은 송광사 각인恪仁 스님 등이 고종 32년(1895)에 순천군수에게 올린 장막동帳幕洞 임야와 임산물에 대한 송사 이유서의 한 부분이다. 송광사와 선암사 사이에 있었던 장막동 산림에 대한 5년 4개월 동안 진행된 소유권 분쟁 내용을 자세히 기록하고 있는 산림부 내용은 조선 후기에 사찰이 관리했던 봉산의 실질적 소유권이 해당 사찰에 있었다고 증언하고 있다. 산림부가 조선시대 사찰 산림 소유를 증명하는 귀중한 문서인 셈이다.

산림부는 조선시대 사찰이 율목봉산과 향탄봉산을 관리했다고 증언한다.

조선시대 사찰은 왕실과 맺은 관계에 따라 다양한 종류의 왕실 산림을 관리 보호하였다.[4] 왕족의 태실을 지킨 태실수호사찰은 태봉산을 보호하였고, 능침을 수호하였던 능침수호사찰은 능침 주변의 산림을 보호하였다.[5] 이들 원당사찰이 수호했던 능침과 태봉 주변의 산지 이외에도 조선 후기에 이르러 조선 조정은 사찰에 봉산 금양의 임무를 부여한다.[6] 산림부는 태실수호사찰과 능침수호사찰이 수호하였던 산지 이외에 사찰에서 위패용 밤나무 생산에 필요한 율목봉산과 능침용 재향 자재인 숯 생산에 필요한 향탄봉산을 직접 관리했다고 기록으로 증언한다. 사찰의 봉산 관리에 대한 구체적 기록이 없는 상황에서 송광사 산림부는 조선 조정의 봉산 지정과정과 사찰의 봉산 관리 내용을 구체적으로 증언하는 유일한 기록이라 할 수 있다.

산림부는 일제강점기 사찰 산림의 소유권을 확립해가는 과정을 밝힌다.

송광사는 고종 대에 제정된 삼림법(1908)에 따라 조선시대부터 금양했던 대부분 산림의 소유권을 지적신고(1909)로 확보하였다. 산림부에는 고종 대에 실시된 지적신고와 지적신고를 마치지 않았던 몇몇 필지의 사찰숲에 대한 소유권은 일제강점기에 실시한 임야조사사업과 국유림양여사업을 통해서 확보하게 되었다고 밝힌다.

근대의 산림 소유권 형성 과정을 밝히는 자료가 드문 현실에서 고종 대의 지적신고와 일제강점기에 시행된 사찰숲의 소유권 확보 과정을 시기별로 밝히는 송광사 산림부는 그 자체로서 대단히 중요한 사료적 가치가 있다. 더불어 산림부는 그 당시 산림 이용자인 인근 주민들과 산림 소유자인 사찰 사이에 산림에 대한 권리 관계의 성립을 이해할 수 있는 과정도 보여준다. 사찰 산림을 대상으로 이해 관계자들 간에 있었던 갈등과 소유권 형성 과정을 구체적으로 증언하는 유일한 기록이라 하겠다.

산림부는 일제강점기 사찰이 산림을 경영한 과정을 밝힌다.

1930년대 편찬된 산림부는 조선 후기의 기록(향탄봉산과 율목봉산의 절목 등)을 담고 있을 뿐만 아니라 일제강점기 조선총독부 산림정책의 산물인 사찰숲 시업안도 수록했다. 이 시업안에는 임업 기술적인 내용뿐만 아니라 그 당시의 산림 실태와 경제 상황은 물론이고 사찰숲과 주변 주민들 간의 관계(도벌, 난벌, 화전)도 기록했다. 오늘날은 국가기록원에서 디지털 자료로 다른 사찰의 시업안도 공개하고 있지만 1930년대부터 사찰림 시업안의 가치를 인식한 사례는 송광사가 유일하다.

산림부를 만든 사람들

산림부가 포함된《조계산송광사사고》는 1920년대에 세 분 스님의 주도 아래 편찬 작업이 시작되었고, 산림부는 1931년에 완료되었다.

산림부 편찬을 지휘한 금명보정(1861~1930) 스님은 순천시 주암면 비룡리에서 태어났고, 속성은 김씨金氏다. 14세에 송광사 금련경원 스님을 은사로 출가하여 경파 스님께 대승계를 받았다. 1900년 1월부터 이듬해 1월까지 송광사 총섭(주지)을 맡았고 1917년에 기산석진 스님 등 후학을 가르쳤다. 송광사 현봉 스님은 송광사 사고편찬을 지휘한 금명보정 스님의 업적[7]을 다음과 같이 기린다.

다송자의 위업 가운데 손꼽히는 것은 30여 년 동안에 걸쳐 개산開山 이래以來 묻히거나 산재해 있던 송광사에 대한 사료史料를 발굴하고 수집하여 사적史蹟의 크고 작은 것이나 오래되고 가까운 것들을 종합하여 대강大綱은 물론 섬세한 것도 모두 기록하고 서序

하면서 사승史乘을 정리하여 완성한 것이다. 그것을 기산錡山 스님이 건물建物 인물人物 산림山林 잡부雜部의 네 책冊으로 일목요연하게 잘 편집하였고, 이를 제자인 용은龍隱이 달필達筆로 정서整書하여 송광사사고松廣寺史庫를 이룩했으니 한국 사찰의 사료史料로서는 가장 잘 정리된 본보기가 되었다.

왼쪽부터 금명보정, 용은완섭, 기산석진 스님(송광사 성보박물관 제공)

산림부를 정리하고 편집한 기산석진(1892~1968) 스님은 순천시 송광면 장안리에서 태어났고, 속성은 임씨林氏다. 14세에 송광사 천자암에서 취월翠月을 은사로 출가하여 호봉에게 사미계를 받았다. 대한불교중앙총무원 원장, 동국대학교 재단이사장을 역임하였으며《조계산송광사사고》 4권 이외에도《송광사지》,《전남도지》 등 여러 권의 저서를 남겼다. 기산 스님은 《송광사지》 서문에 "송광사지 자료 집성에 착수하여 제1차로 송광사사고 4책(건물부, 인물부, 잡부, 산림부)을 편찬하여 용은완섭 스님에게 한지에 써서 그 수를 오래가게 하고, 금명보정 스님께 부탁하여 친서親序를 얻어 붙이니 광채가 더욱 빛났다"고 기록한 것을 볼 때 사고 편찬을 주도한 분임을 알 수 있다.

산림부를 작성한 용은완섭(1899~?) 스님은 전북 전주군 남외면 방천리(현재 완산구 전동)에서 태어났고, 속성은 주씨朱氏다. 14세에 금명의 문하에 출가하여 22세에 법인을 받았다. 1920년부터 4년간 일본에 유학했다. 30세인 1928년에 송광사 사고 건물부를 썼고, 33세인 1931년에 송광사 교무직을 수행하는 한편 산림부를 썼다.

산림부의 끝에는 산림부 편찬에 동참한 스님들의 명단이 함께 수록되어 있다. 고문은 주지 설월용섭 스님, 교열은 전 강사 해은재선 스님, 편집은 기산석진 스님, 서사는 용은완섭 스님, 외호는 금당재순 스님이 참여했다. 그밖에 서기와 임무林務와 산감山監과 탄감炭監의 명단과 함께 그 당시 송광사 대중의 숫자가 150명에 이른다고 했다.

02

천년의
가람

가람의 구성

사찰은 불상과 당탑堂塔을 모시고 사부대중이 거주하면서 불
도를 수행하고 교법을 가르치고 펴는 곳이다. 사찰, 절은 흔히
가람이라고도 일컫는데 그 말은 상가람마(saṃghārāma, 僧伽藍
摩)에서 유래했다. 원래는 인도에서 사부대중(비구, 비구니, 우바새,
우바이)이 모여 숙박하며 수행修行하는 원림園林을 뜻했다.

가람은 불교가 동아시아로 전파되면서 각 나라의 기후 풍
토에 맞게 변형 발전하였다. 우리나라는 시대에 따라 건립 장
소와 건립 형태가 달랐다. 삼국시대엔 호국 불교 또는 왕족 중
심의 불교적 특성 때문에 도읍이 주 무대였고, 통일신라시대
에는 구릉지에 주로 자리 잡았다. 나말여초에는 풍수지리설에
따라 산지에 주로 사찰을 건립했다.

가람의 형태는 크게 예불과 수행과 포교를 위한 공간으로
나눌 수 있는데 삼국시대에서 조선시대로 내려오면서 불전佛
殿, 강당講堂, 승당僧堂, 공양간인 주고廚庫, 욕실, 해우소인 동사
東司, 산문山門등 일곱 가지를 갖춘 칠당가람七堂伽藍 형태가 보
편화되었다. 가람의 구성은 크게 예배용 전각, 수선修禪, 염불念
佛, 참회, 설법을 위한 수행용 건물 그리고 승려나 신도의 주거
를 위한 생활공간으로 나눌 수 있다.

예배용 전각은 주신앙의 대상에 따라 성격을 달리한 건물로

구성된다. 예배용 전각은 일반적으로 가람의 가장 상단에 자리 잡으며, 대웅전(또는 대웅보전, 능인전), 대적광전(또는 비로전, 대광명전, 대광보전, 보광명전, 적광전, 화엄전), 극락전(또는 극락보전, 무량수전, 미타전, 아미타전, 수광전, 연화전, 안양전), 약사전(또는 유리전, 유리광전), 용화전(또는 미륵전, 자씨(보)전, 장륙전, 만월전) 등이 있다. 가람의 중단에는 위계적 순위가 상단의 전각보다 조금 낮은 영산전(팔상전), 응진전(나한전), 오백나한전(나한전), 천불전(불조전), 원통전(관음전, 보타전, 원통보전, 대비전), 문수전, 명부전(지장전, 시왕전, 대원전, 영원전), 대장전(수다라장) 등이 위치한다. 하단에는 조사각(국사당, 국사전, 영각), 독성각(산령각, 산왕각), 칠성각(북두전), 삼성각, 천왕문, 금강문 등이 자리 잡으며, 그밖에 승려와 신도들의 주거공간인 요사가 있다.

가람의 성쇠와 자연자원

우리 주변에는 천년 세월을 이어온 가람이 적지 않다. 천년 세월이란 장구한 기간이다. 무엇이 이런 장구한 역사를 가능하게 했을까? 지속가능성이란 '생태계가 미래에도 유지할 수 있는 제반 환경'이란 의미이다. 천년 세월의 가람들이 그토록 긴 세월을 이어온 저력은 어디에서 유래한 것일까?

사찰의 성쇠는 '미래에도 유지될 수 있는 사찰의 제반 환경'이라는 관점에서 고찰할 수 있다. 사찰의 성쇠를 좌우하는 제반 환경은 무엇을 의미할까? 불법의 계승 발전, 왕실의 보호, 승려의 양성, 신도의 확보, 재정의 충당을 포함하는 것은 당연하다. 그런데 산림학자의 입장에서는 물리적 환경도 간과할 수 없다.

삼보사찰인 통도사, 해인사, 송광사는 물론이고, 신흥사, 월정사, 법주사, 화엄사, 백양사, 동화사, 범어사 등의 명산대찰이 천년 세월을 이어온 원동력은 과연 무엇일까? 다양한 요인들이 천년 세월의 지속성에 관여했겠지만, 산림학도의 입장에서 사찰이 보유한 산림자원의 규모와 재생가능성의 활용 여부를 간과할 수 없다.

가람은 사부대중이 모여 사는 곳으로 100년 전까지만 해도 의식주를 자체적으로 해결해야 했다. 오늘날과 달리 자급자족의 형태로 사원 경제를 유지했던 시절에 사찰이 주변 자연자원에 의존하는 정도는 거의 절대적이었다. 전기나 가스는 물론이고 석유나 석탄 같은 화석 연료가 없던 시절에 조리와 난방과 조명에 필요한 연료의 공급처는 산림이었다.

가람의 운영에는 얼마나 많은 땔감이 필요할까? 1940년대 조선총독부의 기록에는 한 사람이 1년에 필요한 땔감의 양을 추정할 수 있는 국내 소비 임산물의 전체 양이 나온다. 한해 소비된 연료의 양을 그 당시 인구수로 나누면 개략의 1인당 한해 소비하는 땔감 소비량이 나온다. 화석연료 사용이 많지 않던 시절이라 이 당시의 1인당 소비량(0.4m^3)을 100명의 사부대중이 모여 사는 가람에 그대로 대입하면 매년 40m^3의 목재가 연료로 필요하다.[8]

어느 사찰이 ha당 40m^3의 축적을 가진 10ha의 산림을 소유한다면, 1년에 나무들이 4%[9]정도 생장한다고 봤을 때 1년에 자라는 임목의 부피는 16m^3이다. 보유한 산림 면적이 좁기 때문에 이 숲은 몇 년이 지나면 완전히 고갈될 것이다. 만일 30ha의 산림을 보유하고 있으면 매년 자라는 양(48m^3/년)보다 소비하는 양(40m^3/년)이 작기 때문에 오랜 세월이 지나면 이 숲은 아주 완만하게 부피를 늘리거나 적어도 현상 유지를 할 수 있을 것이다.

개개 사찰은 조리와 난방과 조명에 필요한 땔감 이외에도 기와 생산을 위한 연료도 필요하였다. 송광사의 경우, 제와용 가마로 1639년부터 1926년까지 18회나 기와를 제작하였다는 기록[10]이 있다. 평균적으로 매 16년마다 기와를 구워서 전각 보수에 사용한 셈이다. 이때 소요된 땔감의 양도 적지 않았을 것이다.

가람을 유지하는 데는 난방과 조리용 땔감만 필요한 것이 아니다. 목조가옥의 특성상 세월이 지나면 퇴락한 부분을 수리하고 보수해야 하고, 전란이나 화재로 전각이 소실이라도 되면 중수나 중건하는 데 많은 양의 목재가 필요하다. 40년에 한 번씩 수리 보수가 필요하다고 가정하면 그에 필요한 목재도 산림에서 조달해야만 한다. 가람의 규모가 한두 채도 아니고 수십 채가 되고, 수리나 보수해야 할 건물의 규모가 수백 칸에 이르면 목재 조달은 사찰의 번영을 좌우하는 핵심 요인이 된다. 따라서 목재가 자라는 산림의 적절한 확보는 가람의 성쇠를 좌우하는 핵심인 것이다.

오늘날처럼 도로와 운송수단과 국제교역이 발달하지 않던 먼 옛날에는 가람 건축에 필요한 자재를 대부분 사찰 주변에서 조달했다. 사찰 건축의 주된 자재는 신라 이래 사찰 주변에서 구할 수 있는 흙과 돌과 목재였다. 흙과 돌은 목재에 비해서 상대적으로 쉽게 구할 수 있고, 소비한다고 해서 그 양이 급격하게 줄어들거나 보충하기 위해서 장구한 시간이 필요하지 않는다. 반면 목재는 생육에 장구한 세월이 소요되기 때문에 한 번 이용한 후에는 적당한 기간 동안은 사용할 수 없거나, 그러한 제약을 극복하기 위해서는 목재 수요를 충분히 감당할 수 있는 넓은 면적의 산림 확보가 필수적이다.

만일 적정 면적의 산림을 확보하지 못해 수백 년 이어온 사찰이 전란이나 실화로 소실되거나 세월이 흘러 퇴락했을 때, 건축 재료를 조달하지 못해 중건이나 중창을 못한다면 가람은 점차 쇠락하고, 종국에는 사라지고 말 것이다. 따라서 중요 건축 자재를 확보하는 일은 사찰의 번영과 영속성을 담보하기 위한 필수 요인이다. 가람의 유지 관리에 필요한 건축 재료의 안정적 확보 없이 사찰의 지속 가능성을 말할 수는 없기 때문이다.

중요 건축 재료를 안정적으로 확보할 수 있는 물리적 환경이란 산림이다. 바로 사찰이 소유하거나 관리한 숲은 목재의 비축기지이자 땔감의 공급 기지였다. 따라서 적정한 넓이의 산림을 확보하고 적절한 관리와 육성 방법의 보유 여부는 사찰의 영속성을 가늠할 수 있는 중요한 지표이다. 그래서 사찰은 필요한 자재의 공급체계를 구축하는 한편 창건 중건 중수에 필요한 장인(대목, 지장, 와장, 칠장 등)을 자체적으로 확보하기도 했다.[11] 사찰숲은 사찰 존립의 물적 토대가 되는 중요한 공간이자 자연 자원이다. 산림자원은 적절히 관리하면, 지속적으로 이용할 수 있는 특성이 있다. 광물자원이나 화석자원 등은 한번 사용하면 다시 재생되지 않지만, 수목은 벌채 후, 나무를 심고 적절하게 육성하면 몇 십 년 후에는 다시 그 자원을 이용할 수 있다. 즉, 일정액의 원금(산림)을 은행(산)에 저축(자라게)해두고 발생되는 이자(한해의 생산량) 범위 내에서 사용(벌채하여 이용)하면 지속적으로 이용할 수 있다. 그런 까닭에 산림을 재생가능 자원이라 일컫는다.

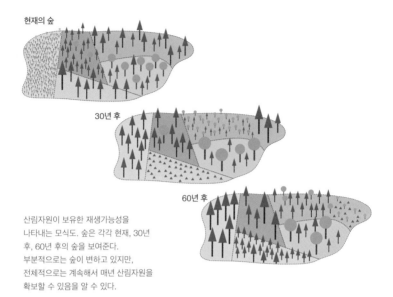

현재의 숲

30년 후

60년 후

산림자원이 보유한 재생가능성을
나타내는 모식도. 숲은 각각 현재, 30년
후, 60년 후의 숲을 보여준다.
부분적으로는 숲이 변하고 있지만,
전체적으로는 계속해서 매년 산림자원을
확보할 수 있음을 알 수 있다.

가람 축조와 목재 소요량

사찰 건축물 축조에는 얼마나 많은 목재(원목)가 필요할까? 가
람 건립에 필요한 목재의 양을 산정하기 위해서 우선 재목의
양부터 알아보자. 일반적으로 10평(32.4m^2)의 가람을 건립하는
데 소요되는 재목의 양은 8,000재才이고, 따라서 평당 800재
가 필요하다. 1칸을 약 2평으로 산정하면, 1칸 당 1,600재의 재
목이 필요하다. 이것을 미터 단위로 환산하면 1m^2당 247재가

필요한 셈이다. 10칸은 16,000재, 50칸은 80,000재, 100칸은 160,000재의 재목이 필요하다. 1재(1자×1자×12자)는 0.00334m^3 이니 100칸 규모의 건축물 건립에 필요한 재목량은 534.4m^3이 다. 이만한 재목을 켜기 위해서는 그 2배인 1,068.8m^3의 원목 이 필요하다.

건축물 규모에 따른 소요 원목량과 필요한 산림 면적

건축물 규모 (칸)	건축물 면적 (평)	소요 재목량 (재)	소요 재목량 (m^3)	소요 원목량 (m^3)	원목생산에 필요한 산림 면적 (40m^3/ha)	지속생산에 필요한 산림 면적 (40m^3/ha)
1	2	1,600	5.3	10.6	0.27	6.8
10	20	16,000	53.4	106.8	2.67	66.8
50	100	80,000	267.2	534.4	13.36	334
100	200	160,000	534.4	1,068.8	26.72	668
1,000	2,000	1,600,000	5,344.0	10,688.0	267.20	6,680

대웅전과 같은 위계가 높은 상단의 건물을 건립할 때에는 굵고 긴 목재(대경재)가 더 필요하고, 요사나 그밖에 위계가 낮 은 하단의 건물을 건립할 때는 상대적으로 대경재가 덜 소요 되지만 편의상 일괄적으로 산정했다.

일반적으로 가람 건립에 필요한 목재의 양은 궁궐이나 성 문을 축조하는 데 소요되는 재목보다는 더 적게 든다. 화성 축 조에 있어서, 다포 형식의 장안문이나 팔달문 축조에 들어간 재목의 양은 1m^3당 455재였고, 익공 형식의 건물을 짓는 데는

242재가 들어간 사례[12]처럼 대웅전을 비롯한 전각을 제외한 가람의 대부분 건물은 1m^2당 247재(1평당 800재)의 재목으로 오늘날도 건립[13]되고 있다.

매년 100칸의 사찰 전각을 건립한다고 가정하면 얼마나 많은 목재가 필요할까? 100칸 건물을 짓는 데는 530m^3의 재목이 필요하고, 이만한 양의 재목을 켜기 위해서는 1,060m^3의 원목이 필요하다.

100칸 건물을 짓는 데 필요한 1,060m^3의 원목을 생산하는 데는 얼마만한 산림면적이 필요할까? 조선시대 사찰이 소유한 산림의 임목축적(단위 면적당 자라는 나무의 양)을 40m^3/ha라고 가정하면 26.5ha의 산림에서 자라는 모든 나무를 벌채하면 이만한 양을 충당할 수 있다. 그런데 사찰 주변 산림의 모든 임목이 건물을 지을 만한 굵은 나무들만 자라고 있을 리도 없고, 모든 나무를 벌채해버리면 산림은 민둥산이 되어 사람은 물론이고 야생동물도 살 수 없다. 그래서 산림(원금)은 그대로 유지하면서 매년 자라는 양(이자)만 벌채하여 사용하는 방안을 모색할 수밖에 없다. 현재 자라는 임목의 양(임목축적)이 감소하지 않는 조건을 충족시키려면, 적어도 662.5ha의 산림[14]이 있어야 한다. 그러나 사람이 살아가는 데 필요한 땔감과 기와 등을 굽는 데 사용되는 임산연료도 숲에서 조달해야만 하기 때문에 결국 700ha 이상의 산림이 필요한 셈이다.

매해 100칸의 전각을 새로 짓거나 수리하는 사찰은 많지 않
다. 그럼에도 매 10년 마다 100칸 규모의 전각을 새로 짓거나
수리한다고 보면 10년마다 1,060㎥의 목재가 필요하기에 이
론상으로는 약 70ha의 산림이 필요하다.

시대별 산림 상태

목재는 산에서 생산된다. 그래서 산에 자라는 임목의 부피(임목
축적량)가 중요하다. 우리 산림의 생장률은 일반적으로 침엽수
림이 빠르고, 다음이 혼효림이며, 활엽수림은 느린 편이다. 숲
이 헐벗었던 1973년(임목축적량 11.3㎥/ha)에는 연 생장률이 4%
내외였지만, 오늘날(2017년 임목축적량 154.1㎥/ha)은 5.8% 정도
로 빨라졌다. 일제강점기(1927년 임목축적량 17.2㎥/ha)[15]의 헐벗은
산림상태를 참고하면, 조선시대에도 1년에 약 4% 정도의 생
장률이었을 것이라 추정할 수 있다. 연 4%의 생장률은 이자율
과 다르지 않다. 산림이 울창(원금이 많으면)하면 목재(이자)를 많
이 생산할 수 있고, 산이 헐벗은 상태(적은 원금)이면 생산할 수
있는 목재의 양(이자 수입액)이 적다. 그래서 단위 면적당 임목축
적량은 산림의 울창한 정도를 나타내는 지표로 중요하다. 산
림청은 우리 산림의 최대 임목축적량(180㎥/ha)은 2040년경에

도달하고, 그 이후는 차츰 감소할 것이라고 예상하고 있다. 심은 나무의 노령화와 수확 연령에 도달한 나무들의 지속적 벌채로 인해 오히려 산림의 부피는 더 줄어들 것이라는 예상이다.[16]

오늘날의 산림청 예상과는 달리, 나라 전역의 임목축적량을 제대로 조사한 때는 일제강점기인 1927년이었다. 따라서 그보다 앞선 시기의 축적량은 가상의 추정치라는 한계가 있다. 이런 점을 감안하면서도 시대별 임목의 축적을 거칠지만 조심스럽게 추정하는 이유는 산림의 재생성과 수용능력을 파악할 수 있는 최소한의 기초 자료이기 때문이다.

산림은 특성상 하루아침에 변하지 않는다. 물론 특정한 장소에 좁은 면적의 산림을 일시에 벌채하면 그 숲은 사라질 수 있지만, 광범위한 지역의 산림변화에는 시간이 필요하다. 산림의 직접적 변화를 확인할 기록이 없는 상태에서 먼 옛날의 산림 모습을 유추할 수 있는 방법은 화석을 통해서 가능하다. 수백만 년 또는 수만 년의 기간이 아니고 수백 년 전의 산림 상태를 확인할 수 있는 방법은 무엇일까? 그 당시의 기록이나 제도, 또는 유물을 통해서 확인하는 방법을 고려할 수 있다.

그래서 조선시대의 산림에 대한 유추는 우선 두 가지 방향으로 접근할 수 있다. 첫째는 그 당시의 제도나 기록을 통해서 살펴보는 것이고, 다른 하나는 그 당시 사용된 목재를 통해서 확인하는 것이다. 조선 중기에서 후기로 내려올수록 건영공사에 사용된 관수용 목재의 규모가 점차 적어지고, 임진왜란과 병자호란의 영향으로 산림황폐가 나라 전역에 확산된 17세기 후반의 기록 등으로 미루어볼 때, 조선 후기에 이르러 산림황폐가 극심했음을 간접적으로 확인할 수 있다.

나라 전역의 산림 상황은 앞에서도 언급했듯이 서서히 악화되지 급격하게 변하지는 않는다. 1927년 일제강점기에 조사된 나라 전역의 단위면적(ha) 당 임목축적이 17.2m^3임에 비추어 볼 때, 조선 후기나 말기의 상황 역시 이와 유사한 30m^3 내외였을 것으로 추정하는 것이 합리적이다. 그러나 수백 년 전인 조선 초기의 임목 축적은 어떻게 확인할 수 있을까?

조선시대의 옛 산림을 엿볼 수 있는 사례는 경기도 광릉 소리봉 일대에서 찾을 수 있다. 우리 숲의 옛 모습이나 숲 상태를 추정할 때 소리봉 일대의 산림을 예로 드는 이유는 세조의 능역으로 500여 년 동안 엄격하게 보호를 받은 숲으로 벌채나 화전 등의 인간의 간섭이 거의 없었던 숲이기 때문이다. 오늘날 광릉 숲(시험림도 포함)의 ha당 임목축적은 혼효림이 230m^3[17]임에 비추어 볼 때, 비록 완전하지는 않지만 이 수치는 조선의 산림 상황에 적용할 수 있는 기초정보는 될 수 있다.

촌락 주변의 산림은 철저하게 보전된 능역 주변이나 오지의

경기도 광릉 소리봉 일대의 천연활엽수림

산림과 달리 훨씬 적은 축적량을 보유하였을 것이다. 특히 인구가 밀집한 촌락 지역에서는 인간의 간섭(벌채, 화전, 개간, 경작 등)으로 축적량이 더 적었을 것이다. 그렇게 추정하는 이유는 조선시대의 인구가 500여 년 사이에 3배 이상 늘어남으로써 주거에 필요한 목재와 난방 조리용 땔감의 수요는 지속적으로 증대된 것에서도 찾을 수 있다. 더구나 17세기 후반에 닥친 소빙기와 그로 인해 나라 전역으로 퍼진 난방용 온돌의 확대, 소죽을 끓이고 의복을 세탁하는 일 등은 연료 소비를 더 늘리는 요인이 되었다.

조선 초기의 인구가 570여만 명이었고, 1600년에 두 배가 넘는 1,170만 명, 1700년에 1,430만 명, 1800년에 1,840만 명, 1900년에 1,780만 명으로 급격히 늘어난 추세를 생각하면 산림이 감당해야 할 부담은 나날이 증대되었다. 조선 조정은 소극적 보호정책인 소나무 벌채 금지 정책(松禁)만 시행하였고, 적극적으로 나무 심기를 권장하거나 숲을 육성하는 정책을 펴지는 못했다. 그래서 단위 면적당 임목축적은 점차 감소할 수밖에 없었지만, 어떤 속도로 감소하였는지는 정확하게 확인할 방법은 없다.

조선시대 연도별 인구[18] 와 추정 임목축적량

연대	1400	1500	1600	1700	1800	1900	1927
인구(만명)	573	941	1,172	1,435	1,843	1,782	1,961
임목축적(m³/ha)	100	85	70	50	35	35	17.2

그러한 한계에도 불구하고, 조선의 개국 당시의 임목축적을 100m³/ha으로 추정했다. 오늘날 광릉 소리봉 일대의 혼효림 축적(230m³/ha)의 절반보다 더 낮은 임목축적량을 적용한 이유는 촌락 주변의 산림은 농경문화를 유지하기 위해 오래 전부터 목재나 연료를 많이 채취하였고, 그래서 덜 울창하였을 것이기 때문이다. 이 가상의 추정치는 산림청이 추정한 2040년의 예상 최대 축적량 180m³/ha와 비교해보면, 낮은 축적량이

라기보다는 오히려 과도하게 높게 책정한 추정치일 가능성이 높다.

산림에 부정적 영향을 끼칠 인구 증가는 세월이 지날수록 가중될 것이고, 그에 따라 임목축적의 감소 추세도 계속되어 1500년에 85m^3/ha, 1600년에 70m^3/ha로 줄어든 축적을 대입했다. 1700년에는 임진왜란과 병자호란으로 발생한 유민들이 화전과 개간으로 산림을 더욱 황폐화시킨 상황을 반영하여 더욱 줄어든 50m^3/ha로 추정했다. 1800년과 1900년에의 임목축적은 35m^3/ha로 산정했는데, 인구증가 추세가 멈추었고, 또 일제강점기 1927년의 임목축적량(17.2m^3/ha)을 고려한 수치이다.

2017년의 임목축적(154.1m^3/ha)은 조선 개국 당시의 임목축적(100m^3/ha)의 타당성을 추정할 수 있는 하나의 지표가 된다. 오늘날의 숲은 1973년부터 산림면적의 40% 정도를 인공림으로 새로 조성하고, 숲 가꾸기를 통해서 지난 몇 십 년 동안 육성한 산림이다. 산업사회로 발전한 덕분에 난방과 조리에 필요한 연료는 산림에서 채취한 임산연료 대신에 석유나 석탄과 가스와 같은 화석연료나 전기로 대체되었다. 반면 조선시대는 적당한 나무를 심고 숲을 가꾸기보다는 저절로 생겨난 숲을 지속적으로 베어서 쓰는 형편이었다.

결국 오늘날의 산림은 재생가능성에 염두에 두고 관리하고

육성하는 반면, 조선시대의 산림은 재생성에 대한 고려 없이
약탈적 방법으로 이용만 하였기에 세월이 갈수록 임목축적량
은 점차 줄어들 수밖에 없었던 셈이다.

03

조선의
산림정책

송광사와 사찰숲에 대해 이해하려면 조선의 산림 정책과 시대 상황을 짚고 넘어가지 않을 수 없다. 조선은 개국과 더불어 산림의 개인 점유를 금지하는 법령을 제정하여 산림을 보호하였다. 조선의 산림정책은 나라 전역의 산림은 국가 소유이며, 개인은 이용할 수는 있지만 소유할 권리는 없다는 것을 원칙으로 삼았다. 그래서 개국과 함께 고려의 구관들이 소유하던 사유지를 몰수하고, 권세가와 왕족들의 땔감숲인 시장柴場도 사사로운 점유를 금지하였다. 그 일환으로 태조는 산림에 대한 기본 이념을 정립하였다. 산림천택여민공지山林川澤與民共之, 산림과 하천, 못은 온 나라 사람이 그 이익을 나누어 갖는다는 뜻이다. 산림에 대한 기본 이념은 권세가의 개인적 점유(私占)을 금지하고, 일반 백성의 자유로운 산림 이용을 보장한다는 것이었다.[19]

조선 조정이 산림천택여민공지라는 이념을 채택하게 된 또 다른 배경은 국가재정에 필요한 산림천택의 산출물 확보에 있었다. 산림천택의 산출물 확보는 역제도, 진상공물제도, 잡세제도로 이루어졌다. 이러한 제도는 산림에 대한 국가의 실제적 지배 행위뿐만 아니라, 백성을 산림에서 노동하도록 강제하는 장치였다. 또한 군역, 잡색역, 일반 백성의 부역노동 등의 형태로 노동력을 징발하여 국가기관이나 왕실에서 필요한 산림 산출물을 원활하게 조달되도록 하였다.[20] 그러나 조선 조정이 모든 산림을 백성들에게 전부 개방했던 것은 아니다. 산림에 자리 잡고 있는 분묘墳墓와 농막 주변은 개인의 점유범위를 정해주어 제한적으로 산림이용권을 인정했다.[21] 또한 국가의 필요에 따라서 백성의 이용을 제한하였던 특정한 산림도 존재했다. 즉, 금산禁山, 관용시장官用柴場(각 관청에서 필요한 땔감을 공급하기 위해 지정된 산림), 강무장講武場(군사훈련이나 왕의 수렵을 위해 벌목이나 경작을 금지했던 산림), 목장牧場(군마를 기르기 위한 산림), 능원묘의 해자림垓字林 등을 설정하여 일반 백성의 이용을 금지시켰다.[22]

조선 초기에 시행된 산림 사점私占 금지제도에도 불구하고 국가의 중추 세력들은 필요한 묘지와 목재의 공급처를 확보하고자 산림을 다시 사점하기 시작하여 조선 후기로 갈수록 사점 금지 제도가 차츰 문란해졌다. 한 가지 주지할 만한 사실은 몰수된 사유지가 다시 사점되어 가는 과정에서 점유의 대형화를 유발했다는 점이다.[23]

산림 사점이 산림황폐에 직접적인 영향은 없었지만, 산림 사점 면적이 대형화하면서 일으킨 간접적인 피해는 대단히 컸다. 사점이 확대되어 갈수록 공동으로 이용 가능한 공산公山의 면적은 상대적으로 줄어들었으며, 이와 같이 줄어든 공산에 많은 인구가 집중하여 임산물을 채취하였기 때문에 산림 황폐화는 치명적으로 발생할 수밖에 없었다. 특히 왕족과 공신에게 급여된 땔감숲이 세습을 통하여 사유화되었고, 이는 국가의 중추 세력에 의한 산림의 점유이었기에 금령으로도 통제할 수 없었다.

본래 땔감숲 즉 시장柴場이란 묘지, 교외의 들, 하천변 평지, 산기슭, 밭둑의 땔감숲으로서 일반 백성들이 공동으로 이용하는 공유지의 성격이었다.[24] 땔감과 풀이나 꼴 및 목재 등을 조달하고, 흉년에는 도토리, 송피松皮 등의 구황식물을 채집하는 곳이기도 하였다. 땔감숲은 농업생산이나 농가의 경제에 중요한 역할을 수행하는 곳이기 때문에 특정 기관이나 개인이 사점하고 이익을 독점하는 행위는 법제로서 금지되었던 것이다. 그러나 16세기 말엽부터 땔감숲의 사점 현상이 나타났다. 임진왜란을 치르고 병자호란을 겪으면서 조선의 국가 권력이 극히 쇠잔한 17세기 이후부터는 왕실, 지방관청(영아문營衙門) 등에서 땔감숲을 독점하고, 농민들에게 땔감 채취 이용료를 거두는 현상을 흔히 볼 수 있었다. 그 결과 조선 후기에 이르러서는 산림 사점私占이 차츰 공인되기에 이르렀다.

결론적으로 조선 개국 후 100여 년 동안은 법제 정비와 개혁으로 임업정책에 좋은 결과를 얻었으나, 그 이후 당쟁과 사화로 정책이 문란해지고, 외침으로 국력은 쇠퇴하고 천재지변이 겹쳐 큰 피해를 입으면서 조선 후기의 산림정책은 어지러워졌다.[25]

조선의 금산禁山제도

금산제도는 일반 백성이 무분별하게 산림을 이용하는 것을 제한하기 위해 지정되었다. 조선 초기의 중요한 산림제도인데 금산은 도성 내외의 산, 연해의 곳, 섬 등의 소나무가 잘 자라는 산(의송산宜松山)을 국가가 지정하여 일반 백성의 이용을 제한한 산림을 총칭한다.

조선 조정이 백성의 산림 이용을 제한하기 시작한 곳은 도성 내외의 산림이었다. '도성내외都城內外 송목금벌사목松木禁伐事目'을 제정하여 한양 도성 안팎의 소나무를 보호하였다. 특히 금산을 도성 안팎에 지정한 이유는 도성의 위엄을 유지하고, 자연재해로부터 도성을 보호하며, 풍수사상에 입각하여 비보의 역할을 수행하기 위함이었다. 그 한 예로 '도성내외都城內外 사산금산四山禁山'을 들 수 있다. 이 금산은 백악산, 남산, 인왕산, 낙산에 해당되며, 오늘날의 환경 보전림과 같은 역할을 담당했다.[26] 도성 주변의 산림을 훼손하면 암석과 토양이 유실돼 산사태나 홍수와 같은 자연재해를 발생시킬 수 있기 때문에 도성과 궁궐을 보호하고자 금산을 지정하여 보호하였다. 한편 풍수지리사상에 입각하여 도성 안팎에 나무를 심은 이유도 비보술을 통해 왕조의 번영을 누리려는 목적도 있었다.

지방의 금산은 궁궐을 짓고, 배를 만드는 데 필요한 목재를

치악산 구룡사 입구의 황장금표

비축해둔 산림으로 외방금산外方禁山이라 불렸고 정부가 관리
했다. 조선 조정은 도읍을 한양으로 옮긴 후 엄청난 양의 재목
이 필요했다. 즉 궁성과 정부 기관의 건물, 한양의 민가건물,
병선兵船, 조선漕船 등에 소요되는 목재를 공급하기 위해서 일
반 백성의 사사로운 소나무 벌채를 금하는 송목금벌松木禁伐제
도를 만들고, 강가, 바닷가, 섬 등에 소나무가 많이 자라는 곳
을 금산으로 지정하였다. 지방 금산의 경우, 원활한 목재 이용
을 도모하기 위해서 나무그루 수 파악, 매년 소나무 종자 파종,
우수 지방 관리와 산지기 수상, 무단 벌목과 산불을 막지 못한
관리자를 처벌(곤장, 변방 귀양)하였다.

조선의 봉산제도

조선 조정은 원활한 목재 공급을 위하여 초기에 금산제도를
시행했지만, 조선 후기에 들어서는 인구 증가에 따라 산림 사
점이 늘어나고, 산림의 개간과 화전이 늘어나면서 금산제도로
는 더 이상 산림행정을 지탱할 수 없었다. 즉 문란한 산림행정
을 쇄신하고 관리의 부정을 막거나 조세를 효과적으로 거두
기 위해서 새로운 산림제도가 필요하였다. 그래서 조선 조정
은 숙종 때 봉산제도를 새롭게 시작하여 국가 산림을 관리하
였다.

> 황장봉산黃腸封山 왕실의 관곽재를 생산하던 소나무 숲
>
> 율목봉산栗木封山 위패용 밤나무재를 생산하던 밤나무 숲
>
> 향탄봉산香炭封山 능원묘의 제향자재로 필요한 숯을 생산하던 숲
>
> 진목봉산眞木封山 선박 건조용 나무못을 생산하던 참나무 숲
>
> 선재봉산船材封山 선박 건조용 목재를 생산하던 소나무 숲
>
> 삼산봉산蔘山封山 왕실에 삼산을 공급하기 위해서 지정된 숲
>
> 태봉산胎封山 임금과 왕후의 포의를 묻어 두어 관리하던 곳
>
> 송화봉산松花封山 왕실 소요 송홧가루를 생산하던 소나무 숲

울진 소광리 황장봉표

　봉산의 관리는 금산보다 더 철저하고 엄격하게 시행되었다. 예를 들면 봉산은 책임자와 소재를 정확히 지정하여 관리하였는데 봉산의 길이와 넓이가 30리 이상인 경우, 산지기 3명, 10리 이상은 2명, 10리 이하는 1명을 임명하여 관리하였으며, 30리 이상의 매 산에 향임을 지낸 바 있고, 신망이 있는 사람으로 감관 1명을 두어 산을 지키는 업무(순산巡山)만 종사토록 하였다. 아울러 감관과 산지기를 지휘 감독할 수령과 변장의 업무도 정확히 규정하여 관리 감독하였다. 즉 수령은 매일 한 번씩 향임을 파견하여 부정유무를 조사하고 수령 역시 때때로 현장을 직접 조사하였다. 지휘 감독을 게을리 하여 부정 유무를 옳게 적발하지 않거나 적발한 잘못을 보고하지 않을 경우에도 처벌을 받도록 하였다.

일반 백성이 봉산을 훼손하는 행위를 범했을 때 받는 형벌에 대한 기록은 《신보수교집록新補受敎輯錄》의 형조편 금제조에 자세히 나와 있다. 즉 국가에서 지정한 중요한 산림에 실화, 방화, 밭가는 행위, 산불난 지역의 목재를 파는 행위, 임의로 목재 벌채 행위에 대한 체벌은 목을 베거나 귀양살이로 처벌하였다. 안면도 봉산의 경우, 산지기가 소나무 몇 그루를 관리하였으며, 완도의 경우 산지기 한사람이 네 그루의 소나무를 관리하였다는 기록도 있다.[27]

조선시대 사찰 상황

조선을 개국한 지배계층은 성리학을 국가의 통치이념으로 삼는 한편, 이전 왕조와의 차별성을 부각할 필요성이 있었다. 그 대표적인 정책이 숭유억불이었다. 억불정책의 일환으로 조선 조정은 사찰이 소유했던 사원전과 노비를 몰수하여 국가에 부속시키는 한편, 왕실에서 제공하던 재정적 후원도 끊었다.

조선 초기에 펼쳐진 억불정책은 승려에 대한 통제 강화, 교단의 인위적 정비, 사찰 수의 축소로 이어져 종국에는 불교의 기반을 제어하고자 했다. 국가통제가 강화됨에 따라 불교의 위상은 약화되었고, 사원의 경제력은 고려 말에 비해 1/10로 축소되었다.[28] 그에 따라 사찰의 재정 사정은 점차 궁핍해졌으며, 대규모 가람 공사는 생각할 수도 없었다. 수리와 보수를 하지 못해 기존의 전각들도 황폐화됐다.

16세기에는 승려 제도가 법적으로 인정되지 않아 공식적 활동과 승려 충원이 허용되지 않는 위기 상황에 직면하기도 했다. 이러한 추세는 임진왜란이 발생하기 전까지 지속되었다. 그 과정을 시기별로 살펴보면 다음과 같다.

1406년 사찰 통폐합, 사찰 토지 3~4만결과 노비 8만 명이 속공됨. 7종파 242사찰만 공인사찰로 인정.

1407년 자복사 88사찰로 축소.

1408년 도첩법 제정으로 왕사 국사 제도 폐지.

1424년 전국에 선종, 교종 각 18개씩 36 공인 사찰만 지정, 공인 승려도 선종 1,950명, 교종 1,800명, 총 3,750명으로 제한.

1450년 사찰 창건 금지법인 금창사사지법禁創寺社之法 제정.

1472년 도첩의 신규 발급 중단, 도첩이 없는 피역 승려 환속시켜 군역에 충당.

1516년 경국대전의 도승조度僧條 삭제로 법제적 폐불 조치 단행.

1550년 승과와 도승이 재개됨.

불교계는 임진왜란이 발생하자 승병을 규합하여 전투에 참여하고 지원활동을 펴는 한편 산성 축조 공사에 큰 공을 세웠다. 특히 서산대사 휴정과 사명대사 유정은 승군을 조직하여 왜적을 무찌르면서 호국불교의 위상을 새롭게 세우는 계기가 되었다. 조선 조정은 임진왜란에 대처한 불교계의 공적을 무시할 수 없었고, 불교의 사회적 위신도 향상되었다. 그에 따라 불교계가 유능한 인재를 흡수하는 계기[29]가 되어 불교 존립의 기반을 새로 되찾는 한편 불교의 중흥을 꾀했다.

임진왜란 이후 전란으로 불탄 많은 가람이 재창건되었고 대다수 건물들도 복원되었다. 조선 후기에 이루어진 가람 중건(중창)의 대역사는 주로 지역의 소지주들과 다수의 농민들이 후원자 역할을 했다. 하지만 사찰의 중창 중수에 동원할 수 있는 재정 규모는 한정적이었다. 따라서 사찰에 따라서 중창과 중수에 짧게는 수십 년, 길게는 200년이 필요했던 사례도 발생했다.[30]

조선 후기에 이르러 사찰 산림에 대한 권세가와 일반 백성의 침탈 행위는 심화되었다. 도벌과 몰래 묘를 쓰는 행위가 빈번하고, 사찰 산림에 대한 소유권까지 주장하기에 이르렀다. 개개 사찰은 사찰숲을 지키고자 다양한 방법으로 대처했다.

그중에 대표적인 것이 송광사를 비롯하여 해인사, 통도사, 동화사, 용문사, 안정사가 스스로 봉산 획정을 자임한 사례를 들 수 있다.[31]

사찰이 봉산 금양에 관여하게 된 배경에는 조선 후기에 일어난 극심한 산림황폐가 자리 잡고 있다. 16세기 말의 임진왜란과 17세기 중반의 병자호란은 나라 전역에 극심한 산림황폐를 가져왔다.[32] 조선 후기 산림황폐로 인한 임산자원 고갈의 심각성은 《승정원일기》에서도 볼 수 있다. 그 대표적인 사례가 위패 제작에 필요한 밤나무 목재 조달의 어려움이었다.

그밖에 조선 후기에 이르러 관영官營 건축재 조달의 어려움이 노정되어 벌채지를 도서지역까지 확대한 사실이나 대경목大徑木 건축재가 고갈되어 조선 말에 경복궁 복원공사에 필요한 목재를 함경도나 경상도의 도서지방은 물론이고 경기 인근의 능역에서 소나무를 조달한 사례도 잘 알려져 있는 사실이다.[33]

산림황폐가 심화된 원인은 임진왜란과 병자호란 이후 부족한 재정을 충당하고자 산림 사점을 확대한 왕족과 권세가의 탐욕과, 공동체에서 이탈된 사회적 약자들이 화전과 개간으로 산림 황폐를 심화시킨 사회 경제적 여건에서 찾을 수 있다. 산림황폐가 나라 전역에 확산된 상황에서 그나마 산림이 상대적으로 보전된 장소는 사찰 주변의 산림이었다. 결국 왕실은 나라에서 쓸 임산물(國用材)을 확보하기 위한 자구책으로 사찰 주변의 산림을 봉산으로 지정할 수밖에 없었다.

사찰 역시 억불 정책의 여파로 사찰에 부과된 막중한 승역僧役을 감면받거나 경감할 목적으로, 또는 양반 권세가들의 횡포나 백성들의 도·남벌에서 사찰 숲을 지킬 목적으로 사찰의 산림을 왕실의 봉산으로 획정되길 원했다.[34][35]

임산자원의 원활한 조달 방안이 필요했던 조선 왕실과 과중한 승역의 경감과 사찰 숲의 보전이 절실했던 사찰의 이해관계가 맞아 떨어지면서 19세기 후반에서 20세기 초에 이르기까지 여러 지역의 사찰숲은 율목봉산과 향탄봉산과 송화松花봉산으로 획정되었다. 송광사 역시 향탄봉산으로 획정되었다. 연곡사, 쌍계사, 송광사의 산림은 율목봉산으로, 도갑사, 동화사, 용문사, 해인사의 숲은 향탄봉산으로, 안정사의 산림은 송화봉산으로 획정되었다.

연대별 산림정책, 불교계의 동향, 송광사 중건과 산림 상태

연대	시대 상 (인구수)	산림정책	불교계	송광사 중건중수	송광사산림 (임목축적)
1100					
1200				창건(1200), 80동?	
1300				3차 중창(1395)	
1400	조선개국(1392)	산림천택여민공지	숭유억불	90칸(1404) 국사전-구실잣밤	(100㎥/ha)
	(573만)	금산(송금정책)			
1500	(941만)		전답노비몰수		(85㎥/ha)
			사찰수 1,684		
	임진왜란(1592)				
1600	(1,172만)		도성출입금지	4차 중창(1601)	(70㎥/ha)
	병자호란(1636)	산림수탈심화, 황폐화			
		봉산제도 시행			
1700	(1,435만)	분산수호-사유화확대			(50㎥/ha)
		황폐화 확산	사찰수 1,535		
1800	(1,843만)	산송 심화			(35㎥/ha)
		산림파괴 심화		5차 중창(1843~)	율목봉산(1830~)
1900	(1,782만)		지적신고 (1909)		향탄봉산 (1900~)
	한일병탄(1910)		사찰령(1910)	6차 중창(1922~)	(23㎥/ha) (1927)
	6·25전쟁(1950)		사찰수 1,363	7차 중창(1955~)	
				8차 중창(1983~)	
2000					

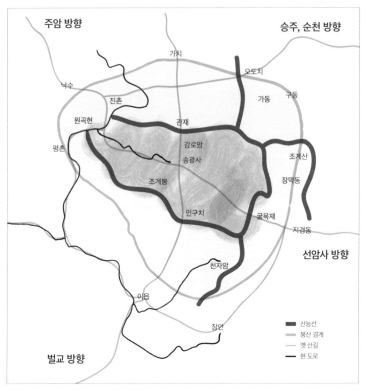

주암 방향

승주, 순천 방향

가치

오도치

낙수

진촌

가동

구동

원곡현

관재

평촌

감로암
송광사

조계산

조계봉

장막동

인구치

굴목재

지경동

선암사 방향

천자암

이읍

장안

벌교 방향

■ 산능선
■ 봉산 경계
■ 옛 산길
■ 현 도로

송광사 주변을 감싸고 있는 산 능선과 옛 산길을 표시한 지도. 마을은 능선 바깥쪽 외산 자락에 있으며 관재와 오도치는 승주의 지름길로, 굴목재는 선암사로 가는 고갯길로, 인구치는 이읍을 거쳐 벌교로 가는 지름길이었다.

04
송광사

송광사 삼거리 입구에는 조계산 산문이 있다. 2015년에 준공된 이 산문은 가장 최근에 이루어진 불사인데 기둥 8주, 대들보 8주, 도리 74주, 서가래 350주 등의 재목이 쓰였다. 송광사 인터넷 홈페이지 정보에 따르면 대들보 1주당 1천만원, 기둥 1주당 500만원의 예산이다. 기둥과 들보의 규모가 얼마나 대단한지 알 수 있다. 대형 화물을 싣고 내릴 수 있는 중장비는 물론이고 무겁고 부피가 큰 목재를 운반할 수 있는 갖가지 종류의 운송수단이 있고 사통팔방으로 뚫린 현재의 도로를 고려하면 2015년에 준공된 산문 공사는 건립 예산 확보가 현안이었을 뿐, 건축 재료 확보는 큰 어려움이 없었을 것이다.

100년 전으로 시간을 거슬러 가본다. 1919년 비석을 세우려는데 송광사 주변에는 좋은 석재가 없었다. 할 수 없이 충남 보령에서 남포석藍浦石을 구입했는데 이 석재는 1914년 개통된 호남선 열차편에 실어 목포까지 운송을 하고 여기서 다시 배편으로 벌교까지 실어온 후, 우마차에 옮겨 싣고는 70리 거리의 석거리재를 넘어왔다. 현봉 스님의 《다송자茶松子》에 나오는 내용이다. 송광사에 작은 차량이 겨우 드나들 수 있었던 때는 1930년이었다고 한다.[36] 변변한 중장비나 운송 수단도 없던 먼 옛날, 송광사는 중창 때마다 무거운 목재를 어떻게 조달했을까? 벌채는 어디서 어떻게 해서 운반은 또 어떻게 했을지 상상해본다.

오늘의 송광사 터는 원래 신라시대에 길상사라는 사찰이 있던 자리였다. 지눌 대사가 회종 원년인 1200년에 길상사 터에 대가람을 조성하고 수선사라 부르다가 송광사로 이름을 바꾸었다. 송광산은 조계산이라 이름했다.

송광사의 가람은 임제선종의 법맥에 따라 초입에서 최상단까지 3단계의 점층적 공간으로 구성되어 있다.[37] 송광사의 3단계의 점층적 공간 구성은 우화각에서 종각까지가 하단, 종각에서 대웅전까지가 중단, 대웅전 뒤편의 선원 구역을 상단으로 이루어진다. 하단의 주요건물은 침계루, 임경당, 법성료 등이 있으며, 그밖에 마구방, 걸인방 등 속인을 위한 건물로 구성되어 있다. 중단의 주요 건물은 대웅전, 영산전, 약사전, 관음전 등이 있으며, 중정 좌우에는 도성당, 심검당, 낙하당, 발운요, 원융요, 해청당과 같은 승려들의 공간인 요사채가 자리 잡았다. 상단의 주요 건물은 수선사, 설법전, 국사전, 상사당, 하사당과 지눌의 사리탑이 있다.

송광사는 가람 이름이 소나무가 울창한 송광산에서 유래되었다는 설화처럼 예로부터 산림과 떼려야 뗄 수 없는 관계였다. 전형적인 산지 가람 형태인 송광사는 편자(∪) 모양으로 열려있는 북서쪽 출입구를 제외하곤 주변이 온통 숲으로 둘러싸여 있다. 북서쪽 입구에서 산 능선은 백로봉, 직세봉, 조계봉,

인귀봉, 대장봉, 호령봉, 장막봉으로 이어지고 다시 서쪽으로 방향을 틀어 장고봉, 증봉(시루봉), 화봉, 학봉, 망봉, 옥등봉, 탄금봉으로 계속된다. 이들 봉우리를 잇는 능선 안팎이 모두 송광사가 소유한 산림이다. 송광사 사찰숲은 능선 안쪽의 내산內山이 직접 가람을 둘러싸고 있는 형상이고, 능선 바깥쪽인 외산外山의 자락에는 평촌, 산척, 이읍, 고읍, 장안, 구동, 가동, 신흥, 진촌 등의 마을이 자리 잡고 있다.

오늘날 송광사의 가람 규모는 80여 동으로 구성되어 있다. 국내 최대 규모라 일컫기도 하는 80여 동의 전각은 지난 30여 년 사이에 진행된 8차와 9차 중창으로 완성되었다. 지난 30여 년 사이에 건립된 30여 동의 전각에 사용된 재목은 외국산 재목도 없지 않을 것이다. 우리의 국력이 신장되고, 문화재 복원 및 보수에 대한 예산 지원은 물론이고, 국내외에서 적당한 목재를 쉽게 구할 수 있게 된 덕분도 무시할 수 없다.

그런데 시간을 조금씩 거슬러 올라가면 여러 가지 의문이 생긴다. 송광사는 공비들이 대웅전을 태우기 전인 광복 전후에도 80여 동의 가람 규모였다. 그 당시는 나라 경제의 규모는 미미했으며, 민생의 삶은 곤궁했고, 국제교역도 어려웠던 시기이기에 가람의 중건에 외국산 목재를 사용한다는 것은 상상도 못했다. 1955년부터 1959년까지 이루어진 7차 중창에 사용된 목재는 과연 어디서 왔을까?

시간을 좀 더 거슬러 올라가보자. 1928년도 일제강점기에 찍은 사진에도 송광사는 80여 동의 전각들을 품고 있다. 한일 병탄으로 나라를 잃은 시절에도 여전히 80여 동의 전각들을 어떻게 유지하였을까? 그래서 궁금했다.

송광사는 언제부터 이처럼 큰 규모의 가람을 구성하게 되었고, 어떻게 그 큰 규모를 수백 년 동안 유지할 수 있었는가? 의문은 꼬리를 물고 이어졌다. 80여 동 규모의 가람을 유지하기 위해서는 수리 보수에 얼마나 많은 목재가 소요될까? 전란이나 화재로 소실된 가람 축조용 목재는 어디서 조달했을까?

송광사 가람의 역사

송광사 가람 규모를 시각적으로 확인할 수 있는 자료는 〈순천조계산송광사사적부지도順天曹溪山松廣寺事蹟附地圖〉(1886)이다. 이 지도에는 50여 동의 가람이 표시되어 있다. 김정문[38]은 이 지도가 19세기 전반 이전에 제작된 것으로 여말선초에 제작된 그림 위에 4중창 이후 다시 필사하면서 새로 신축한 건물을 그려 넣은 것으로 추정한다. 그의 주장이 타당하다면 송광사의 가람 규모는 이미 5백 년 전부터 웅장했다고 상상할 수 있다.

일제강점기(1928) 송광사 실측도에는 80여 동의 건물이 나온다. 1929년 발간된《조선고적도보》의 사진에는 70여 동의 송광사 전각들이 촘촘하게 실려있다. 6·25전쟁 당시 공비들의 준동으로 전각이 불타기 전에 송광사의 전체 건물이 81동이었음을 상기하면 송광사가 이 땅 최대의 가람이라는 상찬이 허언이 아님을 알 수 있다. "전각들이 빼곡하여 비가 와도 비를 맞지 않고 다닐 수 있다"는 이야기가 오늘날도 회자되는 이유이다.

가람의 위치를 표기한 지도나 사진과 달리 송광사의 전체 건물 규모가 기록된 것은《송광사지》이다. 송광사의 건물대장 격인《수선사형지기》에 등재된 고려 중기의 가람 규모는 금당, 식당, 선법당, 경판당, 조사당, 원두채, 목욕방, 측가, 곡실루채, 사문, 서문, 동문, 병문 등 모두 26개의 건물 이름과 부재별 치수가 기록되어 있다.

송광사의 구체적인 가람 규모는 1842년 화재로 확인할 수 있다. 그 당시 2,152칸이 소실되고, 남아있는 건물이 750칸이라고 한다.[39] 19세기 전반에 송광사의 전체 가람 규모는 약 2,900칸임을 짐작할 수 있다.

송광사가 이처럼 규모가 큰 가람을 이어온 것은 언제부터일까?《송광사지》에는 희종 4년(1208)에 사명을 수선사에서 송광사로 바꾼 이후 선풍이 크게 진작되어 많은 신도들이 모여들었고, 그래서 절을 크게 증축하였다고 한다. 13세기 초에는 모여 드는 인파를 수용하고자 가람을 증축할 수밖에 없었다는 기록으로 미루어 볼 때, 정확한 동수는 확인할 수 없지만 꽤 많은 전각들이 배치되었을 것으로 추정할 수 있다. 송광사 사적기에는 이 당시에 이미 80여 동의 전각들이 있었을 것으로 추정하기도 한다.[40]

송광사의 산림 규모

송광사의 산림면적은 얼마나 될까? 송광사 산림의 감당 능력은 얼마나 될까? 송광사 산림의 재생 가능성은 어떻게 발휘되었을까? 송광사는 고려시대 이래 중창에 필요한 목재를 원활하게 조달할 수 있었을까?

이러한 의문에 답하기 위해서 가장 먼저 확인해야 할 내용은 송광사의 산림 규모이다. 안타깝게도 송광사의 산림 소유면적은 1900년 초반 이전에는 확인할 수 없다. 1830년에 획정된 율목봉산의 경계로 개략적인 면적은 추정할 수 있지만, 그 이전의 산림 경계는 물론이고 면적조차 확인할 수 없다. 조선시대나 고려시대의 상황을 유추하기 위해서는 오늘날의 산림면적을 기초로 활용할 수밖에 없는 한계가 있다.

송광사 소유 산림 필지

제21교구 본사 송광사는 여러 필지의 산림을 소유하고 있다. 송광사의 산림은 주로 가람을 연속해서 에워싸고 있는 17필지로 존재하지만 몇몇 필지는 독립된 형태로 존재한다.

송광사 주변에 있는 주요 산림 필지

연번	지번	산림면적(ha)
1	순천시 송광면 신흥리 산120-1임	182.6
2	순천시 송광면 신흥리 산96임	23.6
3	순천시 송광면 신흥리 산118임	14.6
4	순천시 송광면 신흥리 산110임	13.7
5	순천시 송광면 신흥리 산120-2임	12.6
6	순천시 송광면 신흥리 산111임	10.1
7	순천시 송광면 신흥리 산92임	3.3
8	순천시 송광면 신흥리 산100임	1.6
9	순천시 송광면 신평리 산1-1임	748.6
10	순천시 송광면 신평리 산1-2임	23.5
11	순천시 송광면 신평리 산4-1임	6.0
12	순천시 송광면 봉산리 산1임	35.6
13	순천시 송광면 이읍리 산59-1임	96.4
14	순천시 송광면 이읍리 산59-2임	9.1
15	순천시 송광면 이읍리 산80임	3.8
16	순천시 주암면 행정리 산162-1임	84.8
17	순천시 주암면 행정리 산162-2임	70.2
합계		1,340.1

송광사의 산림은 가람이 위치한 송광면에 약 90% 정도 분포해있고, 행정구역상 이웃인 주암면에도 10% 정도 있지만 산림경계는 맞닿아 있다.

송광사의 산림은 가람의 행정구역인 신평리에 절반 이상이 있고, 인근 신흥리, 봉산리, 이읍리에도 약 30%의 산림이 분포해있다.

송광면의 신흥리, 신평리, 봉산리, 이읍리, 장안리에는 소면적 독립 필지의 송광사 산림이 흩어져 있다. 여러 곳에 산재해 있는 소면적 독립 필지의 산림은 주암호 건설에 따른 도로 신설에 의한 필지 분할, 일제강점기 소유권 확정과정 중의 누락, 1980년대 제정된 '부동산 소유권 이전 등기에 관한 특별 조치법' 등의 사유로 인해 발생된 것으로 추정된다.(자세한 과정은 다음 장 참조)

산림청이 2011년 조계종에 전달한 제21교구의 사찰임야 현황도에 의하면, 송광사의 사찰숲 면적은 1,356ha이다. 산림청이 파악한 산림면적 1,356ha와 제시된 표의 산림면적 1,340ha 사이에는 면적상으로 16ha의 차이가 발생하는데, 그 차이는 곳곳에 산재해 있는 소면적 산림 면적을 제외하였기 때문이다.(다음쪽 그림 참조)

송광사는 교구 본사이기에 여러 말사도 역시 산림을 소유하고 있다. 보림사(311ha), 대원사(308ha), 유마사(227ha), 금탑사

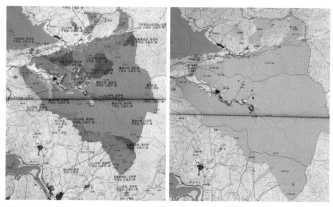

'임야임상도'의 송광사 산림(왼쪽)과 지형도의 송광사 산림 필지별 지번(오른쪽).

(117ah) 등은 100ha 이상의 산림을 보유하고 있으며, 쌍봉사 (96ha), 개천사(95ha), 능가사(87ha), 규봉암(84ha), 증심사(57ha) 등도 꽤 넓은 산림을 보유하고 있다. 송광사의 말사들이 비록 1,400ha 이상의 산림을 보유하고 있지만, 분석 대상에는 포함 시키지 않았다.

송광사가 소유하고 있는 산림의 규모는 다른 사찰과 비교해 서 어떤 수준일까? 송광사의 사찰숲(1,356ha)은 월정사 5,782ha, 신흥사 3,813ha, 해인사 3,253ha, 법주사 2,156ha, 내원사 2,091ha, 운문사 1,861ha, 건봉사 1,728ha, 통도사 1,612ha, 정암사 1,377ha에 이어, 전국에서 11번째로 큰 규모이다. 전국 에 330ha(1백만 평) 이상의 산림을 보유[41]하고 있는 사찰이 59 개임을 감안하면, 송광사 사찰숲의 규모를 헤아릴 수 있다.

송광사 산 지명

산림 필지는 대부분 산의 봉우리나 능선을 경계로 나눈다. 송광사가 소유하고 있는 산림의 위치를 확인할 경우, 잘못된 지명으로 인해 여러 가지 어려움을 경험할 수 있다. 특히 조계산 일대의 등산 지도나 검색툴 네이버에서 제공하고 있는 지리 정보에는 산봉우리와 골짜기의 지명이 제각각 달리 표기되어 있어서 위치 확인에 혼선을 불러온다. 그 대표적인 지명 오기 사례는 연산봉과 피아골에서 찾을 수 있다.

1999년 조선일보사에서 펴낸《전국명산지도첩》[42]에는 연산봉이 장막골 능선의 왼편 봉우리(흔히 장박골 정상이라 표기되어 있는 843m 봉우리) 부근에 표기되어 있다. 그러나 2006년 산림청에서 펴낸《찾아가는 100대 명산》[43]에는 연산봉을 송광굴목재와 장박골 정상을 잇는 능선 상에 있는 830m의 봉우리('연산사

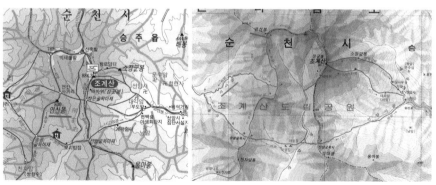

조선일보사(1999년)에서 펴낸《전국명산지도첩》(왼쪽 부분)과 산림청(2006)에서 펴낸《찾아가는 100대 명산 지도》(오른쪽 부분)에 표기된 연산봉과 피아골의 위치.

거리'라고 알려진 능선에서 남쪽으로 약 300m 지점의 봉우리)로 표시하
고 있다.

산림청에서 발행한 등산지도에 이처럼 봉우리 이름이 잘못
표기된 이유는 확인할 수 없다. 분명한 점은 오늘날 연산봉이
라고 잘못 알려진 봉우리의 이름은 호령봉號令峰이라는 사실
이다. 호령봉은 이미 19세기 말에 지도상에 나타난다. 규장각
이 소장한 〈순천조계산송광산사적부지도〉[44]에 호령봉으로 표
기된 봉우리가 천자암 옆에 표기되어 있다.

호령봉이란 명칭은 1920년대 편찬된 금명보정 스님의《다
송문고茶松文稿》[45]에도 등장한다.《다송문고》에는 송광사의 내
산을 형성하는 남쪽 능선의 7봉우리의 명칭을 장막봉帳幕峰,
호령봉號令峰, 대장봉大將峰, 인귀봉印歸峰, 조계봉曹溪峰, 직세봉
直歲峰, 백로봉白鷺峰이라 했다. 내산의 북쪽 능선에 있는 봉우리
역시 동쪽에서 서쪽으로 장고봉長鼓峰, 증봉甑峯, 화봉火峰, 학봉
鶴峰, 망봉望峰, 옥등봉玉燈峰, 탄금봉彈琴峰 순으로 표기했다.

금명보정 스님의 송광사 내산의 봉우리 명칭은 1931년의 송
광사 행정리 벌채허가서의 서술 내용과 부합한다. 이 벌채허
가서에는 연산봉은 행정리 뒷산의 장막봉에서 증봉(현 지명 시
루봉)으로 연이어 있는 봉우리를 연산봉으로 부르는데, 오늘
날 대부분의 등산지도에는 송광굴목재와 연산봉사거리(실제
는 호령봉 사거리) 상에 있는 호령봉을 연산봉으로 잘못 표기하고

있다.

피액동避厄洞에서 유래된 피아골 역시 대부분의 등산지도처럼,《전국명산지도첩》이나《100대 명산지도》에는 토다리에서

〈순천조계산송광사사적부지도〉 1886, 지도 오른편 위쪽 봉우리에 표시된 호령봉

연산사거리 능선으로 오르는 계곡을 피액동으로 표기하고 있
다. 이 골짜기는 조선시대부터 굴등동으로 불리던 계곡이며,
피아골은 송광굴목재를 오르다가 능선 못 미쳐 왼편으로 난
골짜기이다.

송광사 중창

본격적인 중창 역사는 송광사의 사지나 그밖에 여러 종류의
기록을 통해서 확인할 수 있다. 중창의 발생 원인과 시기, 중창
내용을 살펴보면 다음과 같다.

제2차 중창은 1208년 경 금당, 연대, 남랑, 유동루량, 곡식루
경, 대가, 측가, 목용방, 외루문, 누교, 서문, 병문 등의 건립 공사
로 그 과정은 〈수선사형지기修禪社形止記〉에 기록되어 있다.[46]

제3차 중창은 1395년 마지막 국사인 고봉법장선사가 선풍
진작으로 대중들이 운집하자 1400년부터 중창을 시작하여 20
여 년간 90여 칸을 증축한 것이다.

제4차 중창은 임진왜란과 정유재란의 발발로 가람의 일부
(수각, 임경당, 보조암, 천자암)가 소실되자 중창하게 된 일을 말한
다. 중창은 수각(1601)을 필두로 천자암(1604)에 이어 보조암
(1606)과 임경당(1608)의 순으로 진행되었다.

송광사의 중창별 시기와 확장 내용

중창	발생시기	중창 중건 원인	중창시기	중창 승려	확장내용	비고
1	1197	정혜사 이전	1200	보조지눌	당우건설	정혜사→수선사
2	1208	사찰명 변경	1208	진각혜심	증축	수선사→송광사 80여 동?
3	1395	선풍진작-대중	1400~1420	고봉법장	증축 90칸	송광사
4	1592	정유재란 소실	1601~1608	부휴선수	소실 복구	
5	1842	화재	1843~1856		2,150칸 복구	80여 동
6	1922	일제강점기 퇴락	1922~1928	설월, 율암	보수 중수	
7	1951	공비 방화	1955~1963	금당, 취봉	대웅전복구	81동
8	1983	문화재 복원	1983~1987		30동 복구	
9	1990	문화재 복원	1990~현재		중창, 보수	80여 동

제5차 중창은 1842년의 화재로 소실된 전각을 복원하는 사업이었다. 〈임인화재보〉에는 총 2,152칸의 가람이 소실되고, 남은 건물이 750칸이었다고 전한다. 피해가 워낙 방대하여 송광사가 자체적으로 재건하기가 쉽지 않아서 조정의 힘을 빌린 한편, 전라도 내의 53개 사찰들이 건축재 운반에 필요한 부역에 동원된 내용도 담고 있다.

제5차 중창은 먼저 대웅전을 시작으로 명부전, 응향각, 법왕문, 종각(1843)을 건립하고, 이어서 도성당, 보제당, 문수전(1844), 상고와 각고(1845), 관음전(1846), 대장전, 해탈문, 삼일암(1856)의 건립으로 이어졌다.

제6차 중창은 5차 중창 80여년 후에 쇠락한 가람을 새롭게 짓고 보수하고자 용화당과 사감고(1924)를 새롭게 건립하고, 명성각, 화장루, 진남문, 시기문, 여관(1925)을 중건한 공사였다. 또한 백설당, 청운당, 하사당을 중수했으며 대웅전, 명부전, 법왕문, 해탈문, 우화각, 천왕문, 영산전, 약사전, 화엄전, 불조전, 삼일암을 번와하였다. 해청당(1926)과 차안당, 법성료, 응향각 수문, 향적전(1927)의 중수도 이어졌다. 가람의 퇴락에 따른 6차 중창(중수)은 사찰 주변에서 8만 그루의 소나무를 벌채 이용했다는 기록이 산림 시업안(1927)에 자세히 남아 있다. 또한 시업안에는 희귀한 활엽수재를 사용하여 건물이 축조되었다는 기록도 있다.

제7차 중창은 6·25전쟁을 거치면서 방화로 소실된 법왕문, 해탈문, 종각, 장경각, 보제당, 사고, 명부전, 심검당, 용화전, 행해당 등은 물론이고 진여문, 설법전, 조사전, 백설당, 청운당, 차안당을 재건하기 위한 불사였다. 박물관(1959), 대웅전과 종고각(1960)에 이어 명부전과 응향각(1963)의 건립으로 이어졌다. 이후 수선사, 종고루, 문수전, 사자루, 화엄전, 도성당, 감로암, 천자암, 불일암 등이 차례로 지어졌다.

8차 중창은 1983년부터는 5년에 걸쳐 30여 동의 전각과 건물이 새로 지은 공사였다.

이후 1990년대부터 시작된 관음전, 문수전, 정혜사 등의 해체 중창, 산내 암자 복원 불사, 국사전, 하사당, 약사전, 영산전

보수 등이 있었고, 2000년부터 임경당, 해청당, 사자루, 응진전, 불조전, 월조헌, 취정루 등 중요 건물들을 대대적으로 해체 보수하는 한편 현재도 건물 보수 불사가 진행 중이다.

이런 기록으로 미루어 보건대 송광사에는 멀리는 1400년대 초, 조금 가까이는 1600년대 초반 이래 80여 동 내외(3,000여 칸)의 불전과 부속 건물이 있었다고 추정할 수 있다.

중건중수용 목재 소요량

송광사는 여덟 번의 중창 기록을 갖고 있다. 개창 이후, 가람을 늘릴 목적으로 다섯 번의 중창이 있었고, 두 번은 전란(정유재란과 여순반란과 6·25전쟁)으로, 한 번은 화재로 대대적인 중창이 있었다. 1, 2, 3차 중창은 소규모로 이루어졌고, 8차(1983년~1990년) 중창은 나라 경제가 급속히 발전하고 국력이 신장된 시기였기에 중심건축 재료인 목재의 확보는 4차에서 7차까지의 중창과는 규모와 성격상 달리 접근할 수밖에 없다.

비교적 최근에 이루어진 8차 이후의 중창과 그 이전의 중창과의 가장 큰 차이점은 중심 건축 재료인 목재의 확보 방법이다. 창건 이래 7차 중창에 이르기까지 필요한 목재는 사찰 주변이나 원근에서 구해서 쓴 반면, 1980년대 이후의 중창은 목재를 사찰 주변에서 쉬 구할 수 없을 지라도 원거리의 목재는 물론이고 외국산 목재까지 조달하여 사용할 수 있는 여건이

되었다.

창건 이래 7차 중창이 이루어진 1950년대까지는 재정도 궁핍하였을 뿐만 아니라 국제무역이 발달된 오늘날과 달리 해외에서 쉽게 대경재를 수입할 수 없는 시기였고, 중장비나 도로가 옳게 구비되지 못한 상태였다. 사찰과 산림의 영속성을 파악해야 할 시기는 창건 이래 7차 중창이 이루어진 시기를 대상으로 삼는 것이 합리적인 접근방법이다.

송광사의 중창을 시차별 간격을 살펴보면 흥미롭다. 대규모 중창 공사가 있었던 3차와 4차와 5차 중창 사이에는 200년에서 250년의 시간적 간격이 있음을 확인할 수 있다. 즉 1차 중창(1197)에서 3차 중창(1395)까지는 250년이 흘렀고, 90칸의 건물을 건립했으며, 3차 중창(1395)에서 4차 중창(1601)까지는 200여 년이 흘렀고, 정유재란으로 불탄 가람을 복구했고, 4차 중창(1601)에서 5차 중창(1843~1856)까지는 250여 년이 흘렀고, 화재로 소실된 2,150칸의 복구에 사양산의 목재도 필요했다.

5차 중창 이후에는 각 중창 사이에 30년에서 80년의 비교적 짧은 시간적 간격으로 중창이 진행되었다. 즉 5차 중창(1843~1856)에서 6차 중창(1922)까지는 80여 년이 흘렀고, 17동의 중건, 16동의 중수가 이루어졌으며, 6차 중창(1922~1928)에서 7차 중창(1955~1959)까지는 30여 년이 흘렀고, 공비들에 의해 소실된 대웅전이 중건되었고, 7차 중창(1955)에서 8차 중창

(1983)까지는 30여 년이 흘렀고, 30여 동이 복구되었다.

각 중창 별로 사용된 목재의 양은 얼마나 될까?

송광사 전체 건물의 규모를 1842년 화재 당시의 3,000여 칸 80동으로 추정한다면, 1동의 건물은 편의상 대략 37.5칸으로 이루어져 있다고 추정하면 소요 목재량을 추산하기 쉽다.

먼저 3차 중창 당시에 90칸이 증축되었으니, $477m^3$의 재목과 $954m^3$의 원목이 필요했다. 4차 중창 당시에 정유재란 이후의 복구이지만 정확한 기록은 없다. 3차 중창 당시보다 2배가 넘는 200칸을 중건하였다면 $1,060m^3$의 재목과 $2,120m^3$의 원목이 필요했을 것이다.

5차 중창 당시에는 2,152칸의 전각을 복구하였으니, 2,152칸×1,600재×$0.00334m^3$=$11,500m^3$의 재목이 필요하고, 이만한 양의 재목을 공급하기 위해서는 $11,500m^3$/0.5=$23,000m^3$의 원목이 필요했다. 3차 중창과 4차 중창과 5 중창 사이에는 시간적 간격이 200년에서 250년이나 되기 때문에 1,000칸(또는 30동) 규모의 건물을 중건하는데 필요한 목재의 조달에는 큰 어려움이 없었을 것이다. 그러나 2,000칸(또는 60여동) 규모의 건물을 중건하는 데는 인근 주민들의 연료소비 등을 고려할 때, 목재 확보에 어려움이 있었을 것이다.

주요 중창별 시간적 간격과 소요 목재량

중창 시기	중창 사이의 간격	소요 재목(㎥)	소요 원목(㎥)
3차 중창	250년	477	954
4차 중창	200년	1060	2120
5차 중창	250년	11,500	23,000

송광사 산림의 감당 능력

송광사가 조계산 자락에서 800년 세월을 지속할 수 있었던 이유를 숲에서 찾을 수 있다고 주장한 근거도 송광사의 산림이 감당해왔기 때문이다. 먼저 송광사 산림이 감당할 수 있는 목재와 연료 생산능력을 개략적으로 추정하기 위해 시기별로 송광사 주변에 거주했던 인구, 송광사 사부대중의 숫자 등을 조선시대의 인구에 대입하여 추정해 보았다.

송광사 주변의 인구는 1927년의 보고서[47]를 참고하여 송광면 전체 인구의 1/3로 상정했다. 송광사 주변에 거주하던 낙수, 진촌, 평촌, 장안, 구동 마을의 주민들이 사찰 주변의 산림에 의존하여 땔감과 필요한 임산물을 채취하였을 것으로 추정하였고, 조선 초기에서 조선 후기로 내려올수록 인구가 증가하는 추세에 따라 조금씩 늘어난 주민 숫자와 사부대중의 숫자(200인)를 합쳐 추정했다. 예상 산림 축적은 앞서 제안한 조선시대의 임목축적량을 그대로 적용하였다. 송광사의 산림면적은 나무들이 없거나 헐벗은 면적은 제외하고 촘촘히 자라는 산림면적(1927년 기준)을 적용하여 1,200ha로 추정하였다.

가람의 중건과 중수에 소요되는 원목의 양은 산내 20개 암자의 규모[48]를 감안하여 편의상 3,000칸 80동을 대입하여, 1동의 규모는 37.5칸으로 산정했다. 80동의 가람을 40년마다 1동씩 보수한다면, 매년 2동씩 보수를 하는 셈이다. 1동의 보수에 소요되는 재목은 중건 재목의 1/4가 필요하고, 40년에 2동씩 수리한다면, 중건에 사용되는 재목의 1/2이 사용된다고 가정했다. 80년 마다 1동의 중건에 사용될 재목의 1/2이 사용되니까 결국 40년마다 1동씩 중건하는 데 소요되는 재목을 산정하면 매년 2동의 중수와 1동의 중건에 소요되는 재목을 개략적으로 구할 수 있다. 산에서 벌채해야 할 원목의 양은 재목량의 2배이다.

송광사 주변 인구와 시기별 예상 임목축적은 추정치이기 때문에 이 표를 해석하는 데는 주의가 필요하다. 그렇지만 지속적인 인구 증가 추세를 반영하고, 거주지 주변의 산림상황이 악화되는 상황을 함께 반영하였기 때문에 송광사 산림이 보유한 수용능력의 변화 추세를 확인할 수 있는 참고자료로는 활용할 수 있을 것이다.

시기별 송광사 산림의 임목 축적 상태는 가상 추정치를 대입하여 얻은 결과이다. 그래서 정확한 정보라고 장담할 수 없다. 시대별 송광사 주변의 인구는 물론이고 단위면적당 축적량도 임의로 설정한 수치이지만, 그래도 전혀 터무니없는 수치를 적용한 것은 아니다. 점차 심화된 나라 전역의 산림 고갈 실상이나 인구 증가의 추세를 반영하였기에 나름의 경향을 분석할 수 있는 정보라 할 수 있다.

송광사 산림의 시기별 변화 추이와 감당 능력

시기	전체 인구 (만명)	송광사+ 주변인구 (명)[49]	예상 임목축적 (㎥/ha)	1,200ha 의 연년 생장량 (㎥)[50]	연료 소비량/ 년 (㎥)[51]	원목 수요량/ 년 (㎥)[52]	총 임산물 수요량 (㎥)	잔량= 연년생장량- 총 수요량 (㎥)
1400	573	1,020	100	4,800	408	800	1,208	3,592
1500	941	1,340	85	4,080	536	800	1,336	2,744
1600	1,172	1,870	70	3,360	748	800	1,548	1,812
1700	1,435	2,250	50	2,400	900	800	1,700	700
1800	1,843	2,830	35	1,680	1,132	800	1,932	-252
1900	1,782	2,740	35	1,680	1,096	800	1,896	-216
1927	1,961	2,985	23	1,056	1,194	800	1,994	-938

창건 이래 송광사가 오늘날의 산림 면적만큼 독점적 영향력을 행사하였다면, 송광사는 1700년대 초반까지 중건이나 중수에 필요한 목재는 물론이고, 땔감 확보에 어려움이 없었을 것이다. 산림이 매년 자라는 양이 매년 연료나 건축재로 소비

되는 양보다 더 많았기 때문이다. 그러나 1800년대부터는 단위 면적당 임목 축적은 줄어들고, 그에 반비례하여 늘어난 인구에 따른 연료 수요가 증대함으로써 송광사 산림에서 매년 자라는 임목의 양보다 더 많은 양을 소비하기에 이른다.

생산량보다 소비량이 초과하기 시작한 1800년 이후의 상황은 1842년 화재로 소실된 가람을 복원하는 제5차 중창에 구체적으로 나타난다.《송광사지》에는 대웅전을 비롯한 전각 5개소, 승가 8층, 공사 12처 등 전체 건물 41동 2,152칸이 불에 탔다고 한다. 1843년부터 1856년에 이르기까지 13년간 16종류의 건물을 새롭게 짓는 데 들어가는 목재는 주변 사찰숲에서 구했지만 전각 건립에 필요한 길고 굵은 목재(上材)는 조계산에서 구할 수 없어서 총 221주를 원근遠近의 개인 산림(私養山)에서 구했으며, 무거운 목재의 운반에 전라도 전역의 53개 사찰에서 부역 노동력(또는 인건비)을 부담했던 기록이 남아있다.[53] 바로 송광사 산림이 감당할 수 있는 능력 이상의 목재 자원이 필요했기 때문이라고 해석할 수 있다.

조선의 산림정책에서 이미 살펴보았듯이 송광사가 스스로 봉산封山 획정을 자임하게 된 배경이나, 산림 소유권 문제로 송광사 주변 주민들이나 이웃의 선암사와 산림에 대한 소유권 분쟁을 벌인 이유도 1800년대 이후 산림의 지속 가능성이 점차 줄어든 때문으로 해석할 수 있는 대목이다.

05

송광사
산림의
형성

송광사는 누구에게서 산림을 받았을까? 송광사는 어떻게 산림을 관리했을까? 송광사는 언제부터 산림을 독점적으로 이용했을까?

송광사는 국내 사찰 중에서 유일하게 이런 물음에 답할 수 있는 사찰이다. 송광사만이 조선시대 사찰의 산림 관리 역사를 기록한 사지寺誌를 보유하고 있기 때문이다.《조계산송광사사고》〈산림부〉54에는 조선시대의 율목봉산과 향탄봉산 운영에 관한 기록을 담고 있다. 봉산 운영에 관한 조선 조정의 구체적 기록을 찾을 수 없는 현 상황에서, 송광사의 산림부에 수록된 율목봉산과 향탄봉산에 관한 기록은 조선 후기의 산림 시책을 구체적으로 확인할 수 있는 유일한 기록이다. 동화사, 용문사(예천), 안정사에는 봉산 획정에 대한 완문이 있다. 완문이란 조선시대 관부官府에서 향교·서원·결사結社·촌村·개인 등에게 발급한 문서로 어떠한 사실 확인이나 권리나 특권 인정을 위한 확인서이다. 김용사, 연곡사, 동화사 등에는 봉산 경계를 나타내는 봉표封標가 있지만, 봉산지정과 운영에 관한 기록은 찾을 수 없다. 따라서 봉산의 지정과 운영 및 관리 감독에 관한 기록을 보유하고 있는 사찰은 현재까지 송광사가 유일하다.

송광사가 산림부를 보유하게 된 연유는 18세기 후반부터 조선 조정이 송광사의 산림을 주목한 데서 비롯된다. 왕실이 송광사의 산림에 주목한 이유는 조선 후기에 이르러 나라 전역의 산림이 헐벗게 되었고,[55] 그 결과 왕실에서 필요한 위패 제작용 밤나무 목재(주재主材라 불렀다)의 공납처였던 충청도와 전라도와 경상도의 밤나무 숲이 고갈되었기 때문이다. 성리학을 국가통치의 기본 이념으로 삼은 조선 조정은 주재의 안정적 조달을 절실하게 원했고, 기존 조달지 대신에 새로운 대상지를 찾던 중, 송광사의 조계산 숲을 대안으로 선정하여 율목봉산으로 지정하였다.[56]

조계산의 밤나무 숲이 최초로 국가 기록에 등장한 시기는 1769년이다.[57] 연곡사 율목봉산의 고갈을 염려한 조선 조정은 그 대비책으로 조계산을 율목봉산 후보로 고려하고, 1770년에 율목봉산으로 지정한다고 승정원일기에 밝히고 있다.[58] 영조 이후, 율목봉산에 대한 기록은 순조 8년(1808년)에 순천부順天府 조계산曹溪山을 율목봉산으로 새롭게 지정하고, 봉산 구역 안에 살고 있는 선암사 승려와 주민들을 봉상시에 이속하였다고 밝힌다.[59] 이런 과정을 거쳐 송광사의 산림도 1830년에 율목봉산[60]으로, 1900년에는 향탄봉산으로 획정되었다. 이렇게 획정된 송광사의 율목봉산과 향탄봉산은 융희 2년(1908)에 봉산에서 해제되어 사찰 소유의 산림이 되었다.

송광사의 산림은 대한제국 말 고종이 제정한 삼림령에 따라 1908년~1909년에 지적地籍을 신고하여 고려시대부터 관리해 왔던 대부분 산림에 대한 소유권을 확정 받았다.[61] 일제강점기에 시행된 임야조사사업(1920)을 통해서 지적신고를 하지 못했던 몇몇 임지에 대한 소유권도 되찾고, 1927년에는 산림 경영을 위한 산림 경영 계획안(시업안)을 인가받는 한편, 그 시업안에 따라 총독부의 허가를 받아 4회(1931, 1936, 1937, 1943)에 걸쳐 산림을 벌채하여 수익을 얻었다.[62]

광복 이후에도 송광사의 산림은 변화가 많았다. 여순반란 사건과 6·25전쟁으로 인한 공비들의 준동으로 사찰 산림의 일부가 작전상 제거되기도 했고, 1960년대와 1970년대는 도벌[63]과 산판山坂 사업으로 벌채되기도 했다. 그뿐만 아니라 1979년의 주암호 준공으로 몇몇 필지의 사찰 산림은 수몰되었고, 또 조계산 도립공원의 지정으로 대부분의 사찰숲이 공원 구역에 편입되기도 했다. 1980년대에는 송광사 소나무 숲이 솔잎혹파리에 의한 극심한 피해를 받기도 했다.[64]

송광사가 관리하였거나 소유한 산림은 이처럼 시대에 따라 변해왔다. 사찰이 조선시대에 땔감숲인 시지柴地, 왕족의 태를 묻은 태봉산胎封山, 능침 주변 산지, 봉산 등을 수호하거나 금양했지만 해당 임지에 대한 정확한 면적이나 소유권이 확인된 사례는 거의 없다.

조선의 산림제도는 산림천택여민공지山林川澤與民共之란 산림의 기본 이념 아래 시행되었다.[65] 그래서 모든 백성은 자유

롭게 산림을 이용할 수 있지만, 소유할 수는 없었다. 조선 조정
이 준용한 산림의 기본 이념에 사찰의 산림도 예외는 아니었
다. 신라시대부터 조선 초기까지 국가(국왕)는 사찰이 창건되
면, 땔감숲을 분급했지만, 소유권까지 부여했던 것은 아니었
다. 사찰에 분급된 시지가 국가에 환수된 조선왕조실록의 기
사[66]는 사찰 산림의 위상을 증언하는 한 사례라 할 수 있다.

비록 국가가 분급한 사찰의 시지를 환수한 경우도 있었지
만, 사찰에 분급된 대부분의 시지는 종국에는 배타적이며 독
점적 권리를 행사할 수 있는 사찰의 산림이 되었다.[67] 산림 소
유에 대한 법적 제도적 장치가 미비했음에도 조선 조정은 사
찰의 산림 소유를 암묵적으로 허용하고 있었던 셈이다. 문제
는 사찰의 산림 소유에 대한 조정의 묵인을 증명할 수 있는 조
선시대의 기록이 존재하지 않는다는 점이다.[68] 1910년 이전에
한반도 전체의 산림면적조차 확인한 사례가 없기 때문에 사찰
이 관리하였거나 소유했던 산림면적을 정확하게 파악할 수 없
는 것은 오히려 당연했다.[69] 이런 상황에서 송광사의 산림부는
사찰의 산림 소유에 대한 국가의 대응과 사찰의 의지를 구체
적으로 증언하고 있다.

해인사, 동화사, 김용사, 쌍계사, 연곡사 등도 조선 왕실의
봉산을 금양했지만, 봉산 경계를 밝히는 소수의 금표만 확인
되었을 뿐, 봉산경계나 관리에 관한 구체적 기록은 찾을 수 없

다.[70] 이처럼 조선시대 산림 관리의 전반적 상황이나 사찰숲의 정확한 실태를 확인할 수 없는 상황에서 산림부는 송광사가 금양했던 봉산의 경계와 산림 소유권 분쟁 내용을 정확하게 기록하고 있다.

산림학계가 송광사 사찰숲을 주목하는 이유는 조선시대 금양했던 봉산과 현재의 송광사 사찰숲에 대한 상호 비교를 통해서 봉산의 경계 변천 과정과 소유권 발전 과정을 추적할 수 있기 때문이다. 송광사의 사찰숲을 한국 산림사 또는 한국 임업사의 중요한 현장이라고 일컫는 이유도 망각된 조선시대의 산림관리 사례와 사찰숲의 소유권 형성과정을 구체적으로 확인할 수 있는 현장이기 때문이다.

송광사 산림 변천 과정

송광사가 관리하였거나 소유한 산림의 규모와 형태는 시대에 따라 변해왔다. 우리나라 사찰이 조선시대에 여러 임지(서지, 태봉산, 능침 주변 산지, 봉산)를 수호하거나 금양했지만, 해당 임지에 대한 정확한 면적이나 소유권이 확인된 사례는 거의 없다.[71] 1910년 이전에 한반도 전체의 산림면적조차 확인한 사례가 없기 때문에 사찰이 관리하였거나 소유한 정확한 산림면적을 파

악할 수 없는 것은 오히려 당연한 일이다.[72]

송광사 산림에 주목하는 이유는 산림부에 송광사가 금양했던 봉산의 경계에 대한 기록을 정확하게 확인할 수 있기 때문이다. 동화사, 김용사, 쌍계사, 연곡사 등도 조선 왕실의 봉산을 금양했지만, 봉산 경계를 밝히는 소수의 금표만 있을 뿐, 봉산경계나 관리에 대한 구체적 기록을 찾을 수 없다.

오늘날 송광사가 소유하고 있는 산림이 중요한 이유는 조선시대 금양했던 봉산과 현재의 송광사 사찰숲에 대한 상호 비교를 통해서 봉산의 경계 변천 과정과 소유권 형성 과정을 추적할 수 있는 근거를 제공하기 때문이다.

산림부에는 송광사가 1830년부터 금양했던 율목봉산의 경계가 기록되어 있다. 조선말의 이 경계 기록이 송광사가 그 이전부터 관리해왔던 산림 경계와 동일한 것인지 또는 더 확장된 것인지 현 시점에서 확인할 수 없다. 이런 불확실성에도 불구하고, 송광사의 율목봉산 경계는 조선시대 이래로 송광사가 관리해 왔던 산림이었을 것으로 추정하는 것이 합리적이다. 이렇게 추정하는 이유는 국가가 사찰에 분급한 시지에 대한 사찰의 배타적 활용과 독점적 권한이 신라시대부터 인정되었고, 송광사 역시 고려시대 이래 주변 지역의 산림을 지배 권역으로 관리하였을 것이기 때문이다.[73]

율목봉산(1830) 경계

산림부에는 송광사의 산림을 율목봉산으로 획정한 시기가 1830년이며, 사표四標의 설치 장소는 지경동地境洞, 외문치外蚊峙, 당현唐峴, 오도치惡道峙로 기록되어 있다. 한자로 표기된 이들 장소에 대한 오늘날의 위치는 다음과 같이 조사되었다.

가. 사표 설치 장소

1) 지경동地境洞 - 송광사와 선암사의 경계를 나누었던 장소로 오늘날은 장막동(장박골) 계곡(장안천 상류) 오른편의 보리밥집 부근이다. 조계산 보리밥집 박달종 사장은 송암정과 느티나무가 있던 자리가 지경동이며, 이 느티나무 정면에는 장군봉이 있고, 뒤쪽에는 고동산이 뒤쪽에 있다고 증언한다.

2) 외문치外蚊峙 - 문치는 오늘날은 문재이고, 외문치는 송광사에서 봤을 때, 문재 바깥의 장소로, 문재에서 산척방향으로 내려온 지점으로 추정된다. 그러나 외문치의 정확한 위치를 확인할 수 없다.

3) 당현唐峴 - 이읍촌 뒤의 당집이 있던 고개로 추정되며, 5천분의 1지도에 이읍촌 뒤에 북당골이 표기되어 있어서 이러한 추정을 뒷받침해준다.

4) 오도치惡道峙 - 오늘날의 오도재로 신흥리에서 접치로 넘어가는 고개를 말한다.

나. 14개 봉표 설치 장소

산림부에는 율목봉산의 4개 표석 사이사이에 봉표를 세워 율목봉산의 경계를 삼았다고 밝히고 있다. 4개의 표석 사이에 설치한 14곳의 봉표封標 위치는 사륜동篩輪洞, 구등평九嶝坪, 장안촌 뒤쪽 고개 1리, 선암현仙巖峴, 이읍촌 뒤 당현唐峴, 사양현斜陽峴, 송정자宋亭子, 개룡교介龍橋, 외문치, 평촌坪村, 비석거리碑石巨里, 낙수역의 안산案山, 진촌津村, 오도치이다.

산림부에는 그 당시 주민들이 일컫는 지명을 한자로 표기하였으며, 그 한자 지명이 가리키는 장소를 오늘날의 지명으로 살펴보면 다음과 같다.

1) 지경동 아래 사륜동篩輪洞 – '챗박골' 또는 '채바퀴골'로, 오늘날 장안마을 삼합정과 지경터 중간 지점이다.

2) 사륜동 아래 장안촌 앞의 구등평九嶝坪 – 논밭에 물을 대기 위해 물길을 구불구불 9번 돌린 곳으로 오늘날 '아홉구비 들' 또는 '구시등봉'으로 불리는 곳이다.

3) 장안촌 뒤쪽 고개 1리쯤 – 정확한 위치를 확인할 수 없다.

4) 이읍촌 뒤쪽 선암현仙巖峴 – 장안에서 배골(상이읍)로 넘어가는 고개이며, 오늘날도 월은마을 바로 위쪽에서 상이읍으로 넘어가는 고개를 '선암중에'라고 부른다.[74]

5) 당현唐峴 – 이읍촌 뒤 산척으로 넘어가는 당집이 있던 고개.

6) 당현 서쪽의 사양현斜陽峴 – 정확한 위치를 확인할 수 없다.

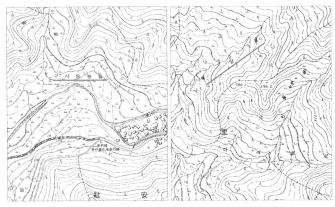

1985년판 지도의 장안 <u>구시등봉들</u>과 1980년판 지도의 산척 <u>북당골</u>

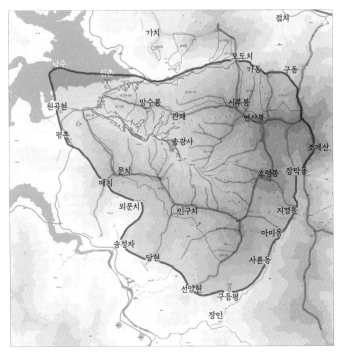

송광사 산림부에 기록된 율목봉산(1830)의 경계. 송광사를 직접 에워싼 능선 안쪽(내산)과 능선 바깥쪽(외산)에 걸쳐있다.

7) 송정자宋亭子 - 27번 국도에서 산척 감나무 골로 들어가는 50미터 지점을 예로부터 송정자로 불렀다.

8) 산척촌 2리쯤 개룡교介龍橋 - 정확한 위치를 확인할 수 없다.

9) 외문치 - 민재, 문재 바깥쪽으로 추정하지만 정확한 위치를 확인할 수 없다.

10) 평촌坪村 - 현 지명으로 존재하며, 문치 아래의 산척에서 매치를 넘어 평촌에 갈 수 있는 고갯길이 옛날에는 있었고, 그 길로 주민들이 왕래했다.

11) 비석거리碑石巨里 - 평촌의 불망비와 선덕비가 있던 거리로, 비석거리에 있던 불망비와 선덕비는 2010년 곡천교 옆의 망향정 곁에 새로 옮겼다.

12) 낙수역의 안산案山 - 현재 주암호에 수몰되어 있는 옛 낙수리 앞산을 말한다.

13) 진촌津村 - 오미실이며, 오미실의 뒤 고개는 소꾸재로 오늘날도 지명이 표기되어 있다.

14) 오도치 - 오도재이다.

이상 14곳의 금표 설치 장소 중, 확인할 수 없는 곳은 장안촌 뒤쪽 고개 1리, 당현 서쪽의 사양현, 개룡교 등이다. 그러나 이들 미확인 장소를 제외하고, 확인된 그 밖의 금표 설치 장소를 참고하여 1830년의 율목봉산 경계를 추정하면 93쪽 아래 그림과 같다.

다. 봉산경계의 추정 근거

송광사가 금양했던 1830년의 율목봉산의 경계는 비록 그 당시 세웠던 몇몇 봉표의 현 지점을 확인할 수 없는 한계에도 불구하고 그림 7의 봉산 경계를 제시한 데는 몇 가지 근거가 있다.

첫째 근거는 송광사 소유 임지 중, 구등평 부근의 장안리 산79(7835㎡) 필지와 봉산리 산258-1(15평) 필지의 존재이다. 장안리 산 79의 필지는 법률 제3562호(부동산 소유권 이전 등기 등에 관한 특별 조치법 중 개정 법률)에 의거 1985년 4월 29일자로 소유권이 송광사로 보존되었고, 봉산리 258-1(15평)필지는 1926년 12월 3일자로 소유권 보존 등기가 완료되었다.

장안리 산79의 필지는 부동산 등기에 대한 특별조치법에 의해 그동안 송광사가 잊고 있던 임지를 되찾았음을 의미하고, 봉산리 258-1 필지는 일제강점기에 등기가 완료된 임지이기 때문에 그 이전인 조선 말기에도 송광사가 이 부근 임지를 금양했던 것으로 추정할 수 있다.

둘째, 송광사가 소유하고 있는 독립된 필지의 임야는 장안리와 봉산리 이외에도 신평리의 임야를 통해서도 경계의 근거를 추정할 수 있다. 신평리의 경우, 산7과 산 334의 필지가 송광사 소유로 등재되어 있다. 신평리의 이들 두 필지는 모두 옛 율목봉산의 금양 경계 구역 근처에 있는데, 신평리 산7의 필지 는 '부동산 소유권 이전 등기 등에 관한 특별조치법 중 개정 법 률'에 의해 산림소유권을 인정받은 경우이고, 신평리 산334의 필지는 공유자 전원의 지분 전부이전으로 1987년 소유권 등 기를 마친 것으로 등기부에는 명기되어 있다. 이들 두 필지의 부동산 등기 사항을 고려할 때, 율목봉산의 경계 내에 이들 필 지가 포함되었을 것으로 추정하는 편이 합리적이다.

셋째, 일제강점기에 장안리, 봉산리, 신흥리의 이들 개별 필 지 산림은 어떤 상태였을까? 송광사가 1936년 조선총독부에 제출한 벌채허가원에는 장안리 산79 이외에도 장안리 산405, 산2, 산3의 필지, 봉산리 산1, 16번지의 필지, 이읍리 산50, 59, 75, 80번지의 필지 등이 기재되어 있다. 이러한 사실에 비추어 볼 때, 금양했던 율목봉산의 경계는 송광사의 배타적이며 독 점적 지배권역의 영향력이 미쳤던 주변 산림으로 추정할 수 있다.

현재의 송광사 사찰숲 경계 구역 밖에 위치한 장안리, 봉산 리, 신흥리의 몇몇 산림 필지가 송광사 소유로 등기되어 있는 기록은 따라서 송광사가 조선 후기 금양했던 율목봉산의 경계 구역을 제시하는 하나의 징표라 할 수 있다. 그 당시에 설치했 던 봉표가 하나도 남아있지 않은 상태에서 이들 필지의 산림이 송광사 소유로 남아있는 것은 금양했던 봉산의 경계 구역을 추정할 수 있는 근거가 될 수 있을 뿐만 아니라 송광사가 금양 봉산을 실질적으로 소유하였음을 의미하기에 대단히 중요한 증빙 자료라 할 수 있다.

라. 1830년 봉산경계와 1930년 시업안 경계의 불일치 이유

송광사가 조선시대 금양했던 율목봉산의 경계를 추정하면, 송광사가 일제강점기 임야조사사업 당시보다 더 넓은 필지의 임야 소유권을 확보할 수 있었어야 할 터인데도 그렇게 하지 못했던 이유는 무엇일까? 이것에 대해 몇가지 가능성을 추정할 수 있다.

첫째, 산촌 주민들의 입회권(개간, 화전, 땔감 및 꼴 채취)을 인정하여, 송광사가 인구 밀접 지역인 장안리, 이읍리, 봉산리 일대의 산림에 대한 권리를 조선말이나 일제강점기에 포기하였거나,

둘째, 일제강점기에 시행된 임야조사사업에 적극적으로 대처하지 못해, 금양했던 봉산에 대한 연고의 권리를 옳게 제시하지 못했거나,

셋째, 1949년에 시행된 농지개혁의 과정을 거치면서 사찰의 농지와 함께 산지의 소유권도 양도(?)한 데 기인한 것으로 추정한다.

하지만 정확한 이유는 밝혀진 바 없다.

향탄봉산(1900) 경계

산림부에는 송광사가 금양했던 향탄봉산의 경계로 동쪽으로 접치接峙, 서쪽으로 평촌平村, 남쪽으로 장안壯安, 북쪽으로 가치加峙가 기록되어 있다. 이 경계는 1830년에 획정된 율목봉산의 사표四標 경계(지경동, 외문치, 당현, 오도치)보다 더 넓게 확장된 것이다. 향탄봉산의 서쪽(평촌)과 남쪽(장안)의 경계는 율목봉산의 경계와 유사하지만, 동쪽의 경우, 오도치에서 접치 방향으로 더 확장되었고, 북쪽의 경우는 진촌과 오도치 경계에

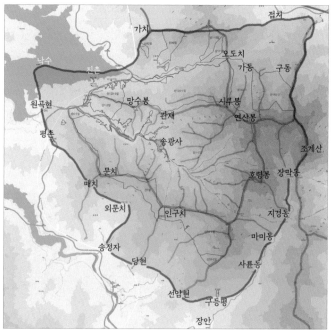

송광사 산림부에 기록된 향탄봉산(1900) 경계

서 더 북쪽인 가치로까지 확장되어 향탄봉산의 획정 구역이 율목봉산보다 더 넓어졌음을 뜻한다.

접치가 1900년 향탄봉산의 경계로 추가된 이유는 가구동 산에 대한 분쟁과 관련이 있다고 본다. 율목봉산이 획정된 1830년 이후, 그리고 향탄봉산이 획정되기 전인 1900년 사이인 1861년부터 가구동 산에 대한 소유권 다툼이 송광사와 접치(가구동) 주민들 사이에 있었다. 따라서 향탄봉산 획정시, 송광사가 분쟁 지역인 가구동 산을 포함한 접치 일대를 향탄봉산 동쪽 구역으로 획정한 이유는 사찰 소유의 분명한 근거로 삼기 위한 방편이었을 것이라고 추정할 수도 있다.

한편, 율목봉산의 북쪽 경계가 신흥리에서 오도치까지의 계곡을 중심으로 구획된 것인데 비해 향탄봉산의 북쪽 경계는 가치까지 확장되어 있다. 가치 일대의 산림이 송광사의 소유였음을 확인할 수 있는 자료는 가치 인근의 신흥리 산림 필지(산92, 산96, 산100, 산110, 산111)로 확인할 수 있다. 이들 필지 중 산96을 제외한 필지는 모두 1986년 매매로 송광사 소유 등기를 마친 점이 특이하다. 이들 필지는 부동산 등기에 관한 특례법에 따라 송광사 소유로 확정되었는지 또는 송광사가 추후 구입한 것인지를 등기부만으로 확인할 수 없는 점이 아쉽다. 그러나 하나 분명한 사실은 일제강점기에 작성된 시업안에는 이들 산림 필지가 포함되어 있지 않은 점이다.

조선 말기의 산림 소유권 분쟁

조선왕조는 산림의 사적 소유를 인정했을까? 조선시대 어느 법전에도 산림의 사적 소유권을 인정한 조문은 없다. 산림의 소유권 불인정에 대한 조선의 산림정책은 '산림천택여민공지'라는 산림의 기본 이념에 잘 나타나 있다. '산림과 하천과 못은 온 나라 사람이 그 이익을 나누어 가진다'는 이 이념은 '원칙적으로 국가가 나라 전역의 산림을 소유하지만, 백성 누구나 산림을 이용할 수 있도록 한다'는 것이다.[75]

조정(왕실)이 국가 산림의 소유권을 가졌지만, 산림 이용권은 백성에게 부여했던 이 정책에 한 가지 예외 조항이 있었다. 바로 묘소 주변의 산지에 대해서는 상제례喪祭禮의 하나로 사유화를 묵인했다. 성리학적 통치 이념으로 개국한 조선 왕실은 상제례를 강력히 시행하면서 매장을 권장했다. 그에 따라 산지의 분묘 면적을 "종친宗親인 경우, 1품은 4방方 각 100보, 2품은 90보, 3품은 80보, 4품은 70보, 5품은 60보, 6품은 50보를 한계로 한다. 문무관인 경우에는 10보씩 감하되 7품 이하나 생원, 진사, 유음자제는 6품과 같이 하고, 여자는 남자의 관직에 따른다"(《경국대전》 예전 상장 조)고 규정하여 산지 사유화의 길을 터주었다.

조선 초기부터 국가 주도의 분묘 제도가 시행되었고, 그에 필요한 산림면적이 법전에 수록되면서 산림의 사적 소유는 이처럼 암묵적으로 인정되었다. 그러나 국가의 분묘 제도로 인해 산지 사유화는 실질적으로 진행되었지만, 소유권에 대한 법적 제도적 장치는 미처 준비되지 못했다. 국가는 개인이나 문중에서 쓴 분묘 주변의 산지를 '보호된 산지(墳山守護)'라는 개념으로 그 이용권을 인정하였지만, 법적 소유권을 온전히 인정하는 것은 아니었다. 이런 어정쩡한 산지소유의 불인정 정책은 구한말까지 지속되었다. 따라서 산림 사유화에 대한 국가와 개인의 인식 차이는 다양한 소유권 문제를 파생시켰고, 그 대표적인 문제가 조선 후기에 개인 간에 벌어진 무수한 산림 소송(山訟)이었다.[76]

사찰의 산림 소유

사찰숲의 소유권 역시 불분명하기는 마찬가지였다. 왕실에서 하사한 땔감숲(柴地)은 대체로 사찰 소유로 인정했지만, 조선 조정은 필요에 따라 하사한 땔감숲조차 다시 회수하여 국유화시키기도 했다. "지금 각도의 사사寺社의 시지와 없어진 절의 기지基地를 상고하니, 합계한 전지田地가 253결結이 되는데, 요량料量하여 군자감軍資監에 소속시키기를 청합니다"라는 《세종실록》(1427)의 기록이 그렇다.

국가(왕실)가 사찰에 하사한 산림에 대한 사찰의 태도를 짐작할 수 있는 사례는 일반 백성의 출입을 막고자 사찰에서 산림에 설치한 금표禁標로 확인된다. 명종실록(1550)에는 "79개소에 이르는 내원당은 주변의 산에 금표를 쳐서 출입을 통제하고 있다"는 내용이나 "안동 봉정사가 관내의 산림을 너무 넓게 금표로 확정지어, 그곳에 자라는 잣나무에서 일반 백성이 왕실에 공납하던 잣을 딸 수 없는 형편을 시정하라"(《명종실록》1559)는 지시로 확인된다.

봉은사 시지에 대한 《명종실록》의 기록은 더욱 구체적이다. "경기 백성들이 땔감을 채취하던 양근楊根·월계月溪를 거쳐 오고갈 때마다 봉은사가 매번 길가에 긴 푯말을 세우고 거기에 '봉은사奉恩寺 시장柴場'이라고 써둔 것을 보아 왔는데 '수사지受賜地'라 자칭하고 금표를 세워 백성들이 드나들지 못하게 하고 있습니다."

이 기록은 왕실 원당인 봉은사가 땔감숲에 대한 소유권을 행사했던 사례라 할 수 있다. 땔감숲과 달리 왕실이 왕실과 특수한 관계를 맺은 원당(능침수호사찰, 태실수호사찰, 왕실축원사찰) 사찰에 봉산을 하사였지만, 이들 봉산이 사찰 소유라는 것을 인정하는 별도의 기록은 찾을 수 없다. 개인의 산림사유와 마찬가지로 사찰 역시 제도적으로 산림의 이용권만 확보했을 뿐, 소유권까지 확보한 것은 아니라고 해석할 수 있는 대목이다.

송광사의 가구동 산 분쟁

개개 사찰이 예로부터 금양해왔던 봉산에 대한 이용권을 소
유권으로 인식했던 사례는 송광사에서 구체적으로 확인된다.
송광사는 가구동 산림과 장막동 산림에 대한 소유권 분쟁 기
록을 산림부에 자세히 담고 있다. 먼저 가구동 산림에 대한 주
민들과의 40여 년 간에 걸친 분쟁을 살펴보자.

송광사는 1861년 10월에 접치 일대의 가구동 산을 이용하
는 주민들에게 가구동 산이 국용봉산國用封山임을 주지시켰고,
1893년에는 가구동 산을 불법적으로 사용한 행위에 대한 잘
못을 나타내는 사과표謝過標를 설치하게 하였다. 송광사가 가
구동 산에서 땔감 채취를 금지시키자 1899년 가구동 주민들
은 관청에 청원하였고, 관할 관청은 재목벌채를 엄금하는 대
신 땔감 채취를 허가한다. 이에 송광사는 재차 관할 관청에 청
원하여 1900년에는 가구동 산 일대에 대한 촌민들의 땔감 채
취조차 금지시킨다.

하나 흥미로운 사실은 1830년에 송광사에 내려진 절목에는
가구동 일대의 산림이 율목봉산의 경계에 포함되어 있지 않은
점이다. 율목봉산의 사표四標는 조계봉 아래 지경동에서 시작
하여 외문치, 당현, 오도치로 끝나고, 가구동 산을 봉산 구역에
포함시킨 접치에 대한 언급이 없기 때문이다. 1860년대 이래
가구동 산에 대한 주민들과의 분쟁 때문인지 몰라도, 1900년

에 작성된 송광사의 향탄봉산 절목에는 향탄봉산의 북쪽과 동쪽 경계를 율목봉산의 경계 보다 더 확장하여 북쪽은 가치로, 동쪽은 접치를 경계로 삼는다고 명시하고 있음을 앞서 살펴보았다.

가구동 산림에 대한 주민들과의 분쟁은 일제강점기에도 다시 이어졌고, 최종적으로 임야조사사업에 의해 가구동 산림 156정보(행정리 산162)의 소유권은 1928년 송광사에 있다고 판정되었다. 가구동 산에 대한 사찰과 주민간의 갈등은 산지 소유

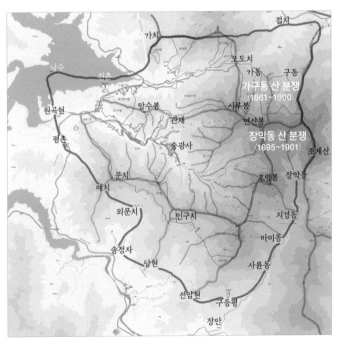

송광사 산림의 조선시대 분쟁 지역

여부를 증빙하는 연고권으로 주민의 땔감 채취권(산림이용권)보다 사찰의 봉산 금양권을 더 높이 인정한 사례라 할 수 있다.

송광사의 장막동 산 분쟁

산림 소유에 대한 송광사의 의지를 엿볼 수 있는 또 다른 사례는 장막동 산에 대한 송사이다. 산림부에는 장막동 산에 대한 10차에 걸친 소송내용(等狀 등장)이 수록되어 있다. 그 구체적 내용을 살펴보자.

송광사 각인 스님 등이 고종 32년(1895)에 순천군수에게 올린 장막동帳幕洞 산에 대한 다음의 송사 이유서는 송광사가 조선시대 사찰의 산림을 어떻게 생각하였는지 단적으로 나타내는 증거라 할 수 있다. "오랜 세월 동안 봉산이던 곳이 하루아침에 근거도 없는 승려에게 빼앗길 참이니 참으로 억울한 일입니다." "막중한 봉산을 빼앗기지 않도록 군수님께서 처분해 주시기를 천 번 만 번 손 모아 간절히 바랍니다."

산림부에는 송광사와 선암사 사이에 1895년 10월부터 1901년 2월에 이르기까지 5년 4개월 동안 모두 10차에 걸쳐 두 사찰 간에 있었던 장막동 산에 대한 송사내용을 기록하고 있다. 송사의 발단 원인은 송광사 소유의 장막동 산에서 벌채한 소나무와 가래나무를 선암사에서 탈취하면서 시작됐다고 밝히고 있다.

산림부의 장막동 산림에 대한 분쟁 기록이 중요한 이유는 10차에 걸쳐 송광사와 선암사가 각각 봉산의 소유권을 주장했을 뿐만 아니라, 다툼의 기간도 5년 이상이나 지속되었기 때문이다. 그러나 이 산송에 주목해야 할 또 다른 이유는 구한말에 개개 사찰이 소유한 산림의 소유권을 얼마나 중요하게 인식하였는지 사찰의 태도를 확인할 수 있기 때문이다.

산림부의 장막동 산림 분쟁 기록에는 봉산의 소유권과 관련된 다양한 내용이 수록되어 있다. 그 내용을 조금 더 자세히 살펴보면, 1차 소송에는 순천군수가 사찰의 봉산 경계를 해당 사찰 소유권의 담당 영역으로 인정하고 있으며, 2차 분쟁에 대한 판결로 봉상시는 분쟁 대상지가 송광사 봉산에 속하는 것이라고 표명하고 있다. 3차 분쟁에 대한 판결로 전라관찰사 역시 송광사 봉산의 경계를 인정하고 있으며, 4차 분쟁에 대한 암행어사의 회신도 이들 분쟁에 대한 내용을 상세히 조사할 것이라고 기록하고 있다.

봉산의 소유권을 각각 주장하는 두 사찰의 송사에 대하여 국가(조정)를 대신하여 봉상시(중앙 정부), 해당 도의 책임자(전라도 관찰사)와 지방의 책임자(순천군수)가 사찰의 봉산 소유 자체를 부정하거나 배척하지 않는 산림부의 기록에 비추어 볼 때, 사패지(땔감 숲, 수호봉산, 관리봉산)는 국가(왕실)에서 하사받는 순간부터 사찰이 독점적이며 배타적 지배권을 실질적으로 획득

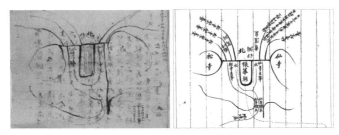

송광사와 선암사 간에 조선시대 소유권 분쟁이 있었던 장막동 산(위). 조정에 올린 청원서(等狀)에 수록된 경계구역을 나타내는 원본 도면(가운데 왼쪽)과 산림부에 수록된 간이 도면(가운데 오른쪽), 호령봉에서 바라본 장막동 지역(아래)

하였다고 추정할 수 있다. 두 사찰 간의 5년여 동안 진행된 산림 소유권 분쟁 기록은 결국 조선 후기에 사찰이 관리했던 봉산의 실질적 소유권은 해당 사찰에 있었음을 증언하는 귀중한 문서인 셈이다.

앞서 살펴본 가구동 산에 대한 분쟁과 장막동 산에 대한 소유권 송사는 조선시대에도 사찰이 금양했던 산림에 대한 소유권을 지키고자 하는 사찰의 의지가 적극적이었음 보여주는 대표적 사례라 할 수 있다.

하나 주목해야 할 점은 송광사와 주변 주민들 사이에 있었던 분쟁이 주로 외산지역(주능선 바깥쪽)에서 발생했다는 사실이다. 송광사가 소유한 임지 대부분이 내산 지역에 자리 잡은 반면 분쟁이 발생한 가구동과 장막동 산은 주능선 바깥쪽 외산지역에 자리 잡은 지리적 위치를 어떻게 해석해야 할까?

국가가 사찰 창건 시에 사찰에 분급한 시지에 대한 배타적 활용과 독점적 권한을 사찰이 주변 산지에도 그대로 적용하였지만, 외산 지역은 사찰의 배타적이며 독점적 지배권이 상대적으로 덜 미쳤음을 의미한다. 특히 조선의 행정체계가 외산 지역을 이용하는 주민의 땔감이나 꼴 채취에 대한 산림이용 권리(입회권)는 인정해주었지만, 소유권은 인정하지 않았던 이유는 조선의 기본 산림이념(산림천택여민공지)이 19세기 말에도 그대로 준용되었기 때문일 것이다.

일제강점기의 현대적 산림 소유권 형성

조선통감부의 지적 신고(1909)

송광사는 사찰 산림에 대한 현대적 개념의 소유권을 언제 확보했을까? 송광사가 사찰숲의 소유권을 확립한 과정을 살펴보기 위해서는 조선말의 토지정책에서 시작할 필요가 있다. 고종은 1901년 토지조사사업을 구상하고, 나라 전역의 경작지를 토지대장(量案)에 등재하게 하였다. 하지만, 함께 실시하고자 했던 산림에 대한 소유권 조사는 제대로 실시하지 못했다.

그 후 조선통감부는 삼림법(1908)을 제정하여, 산림의 구분을 제실림帝室林, 국유림, 공유림, 사유림으로 나누는 한편, 지적신고 절차를 마친 산림만 그 소유권을 인정한다고 명시하였다. 통감부의 지적신고에 따른 소유권 인정 정책 역시 과도한 측량 경비와 복잡한 신고절차로 인해 역시 소기의 성과를 얻지 못했다.

송광사는 통감부 시절(1908)에 제정된 삼림법에 따라 그 당시 소유권을 주장할 수 있는 사찰 소유 대부분의 산림에 대하여 국가에 지적 신고(1908~1909)를 하였을 것으로 추정할 수 있다. 이렇게 추정하는 이유는 송광사와 선암사 간에 1895년부터 진행된 장막동 산 분쟁의 해결책으로 장막동 산을 이등

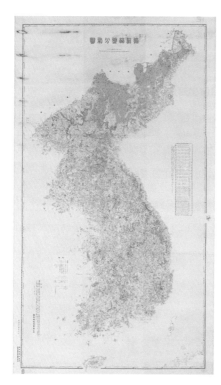

1910년의 임적조사사업으로 완
성된 조선임야분포도(위)와 그 속
에 표시된 송광사와 선암사의 산
림(아래 청색 부분 구역)

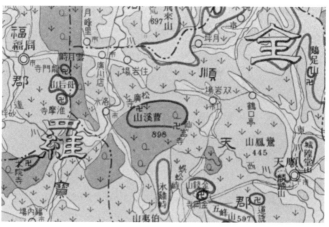

분하여 소유권 증명원을 1909년에 국가에 제출하였다고 산림부에 밝히고 있기 때문이다. 다른 하나의 이유는 오늘날까지 송광사가 소유하고 있는 산림 중, 일제강점기 임야조사사업으로 소유권을 인정받은 사례가 오직 몇몇 필지의 소 면적 산림뿐이기 때문이다.

한편 조선통감부는 임적조사사업(1910)을 실시하여 나라 전역의 산림을 관官이 관리하는 산림, 개인이 소유하는 산림, 사원寺院이 소유하는 산림으로 구분하는 한편, 조선임야분포도朝鮮林野分布圖를 제작하였다. 1910년에 제작된 조선임야분포도에는 청색선으로 각 사찰이 소유한 임야 경계를 구획하고 있는데, 송광사 임야 역시 청색선으로 구획되어 있다.(앞의 그림)

일제강점기의 임야조사사업(1919~1928)

일제가 조선을 병탄한 후 조선총독부는 조선삼림령(1911)을 반포하여 '삼림산야 및 미간지未墾地 국유사유國有私有 구분표준'을 제시하고, 몇 년 후 '조선임야조사령'(1918)을 반포하여, '국유임야에 대하여 조선 총독이 정한 연고緣故'를 제시하여 사찰숲에 대한 연고권을 인정하기에 이른다. 그 전체 과정을 정리하면 다음 표와 같다.

일제강점기 사찰 소유 산림의 소유권 형성 과정

시기	소유권 형성 주요 시책
1908	지적 신고에 의한 소유권 인정(복잡한 절차와 경비 과다로 소수만 신고) 근거인 삼림법 제정
1910	임적조사사업으로 사찰이 관리하는 임야 규모를 최초로 개략적으로 파악함
1911	조선삼림령으로 국유國有 사유私有 구분 표준 제시
1912	산림산야 및 미간지 국유사유 구분표준 훈령 제정으로 '연고'를 '영년 수목 금양' 조건으로 제시
1915	국유임야 구분조사로 다수 사찰 소유 임야가 국유임야에 편입됨
1918	조선임야조사령에 의거 국유임야에 편입된 사찰 소유 임야를 구제하고자 '연고' 조항 포함
1917~1924	전국적으로 실시된 임야조사사업으로 사찰 소유 임야도 조사 대상에 포함
1926	조선특별연고삼림양여령에 의거 국유임야에 편입된 사찰 소유 임야를 사찰 소유로 양여함

조선총독부는 임야조사사업(1917~1924)으로 임야에 대한 권리관계를 법적으로 확정하는 한편, '조선특별연고삼림양여령' (1926)으로 국유림에 포함된 해당 산림을 사찰 소유로 인정한 절차를 통해서 최종적으로 사찰숲의 소유권이 확립되었다. 결국 삼림법에 의한 지적신고의 부실로, 조선총독부는 임야조사사업을 통해서 지적신고를 하지 않았던 산지에 대한 소유권신청 기회를 다시 제공했고, 송광사 역시 그러한 기회를 적극활용하여 몇몇 필지의 임야에 대한 소유권을 확보하게 되었다고 산림부에 자세히 기록되어 있다. 그 과정을 시기별로 정리하면 다음과 같다.

1919년 3월 29일: 임야조사사무소에 순천군 주암면 행정리 임야 신고, 8월 1일: 신고료 85전 납부.

1920년 10월: 송광사가 소유한 산의 경계에 표기標旗를 세움.

1920년 12월 20일: 임야신고와 측량 중에 송광사와 주암 면민들 간에 소유권 분쟁 발생.

1920년 12월 20일: 행정리 주민 백경인이 송광사 소유의 행정리 임야에 대한 소유권을 주장함, 소유권 분쟁 조사 공문 접수됨.

1920년 12월: 송광사에서 행정리 산림의 연고 증거(입안, 금표, 700년 금양 역사)와 1차 진술서 제출.

1921년 5월: 신흥리 5정, 봉산리 1정 3반의 소유권 확보, 연고관련 서류 보완(관문기(1829), 순천부사 결정문(1895), 궁내부 관문기(1899))과 2차 진술서 제출.

1923년 9월: 임야조사사업 결과 행정리 임야 156정보에 대한 연고는 행정리 외 7개리 소유로 사정공시됨.

1923년 11월 17일: 행정리 임야의 사정공시에 대한 반발로, 송광사는 행정리 임야에 대한 연고서류(봉상시, 홍릉, 궁내부, 내부, 장예원, 전남 관찰부 발급 절목 각 1통씩, 순천부사 발급 절목 2통)와 불복 신청서를 함께 제출함.

1928년 1월 13일: 20일간 주암면 광천리 임야조사위원 출

장소에서 행정리 임야에 대한 재조사 실시.

1928년 9월 5일: 조선총독부 임야조사위원회는 순천군 주암면 행정리 산 162번지 임야의 소유자를 불복신청인 송광사로 인정하는 재결서 등본을 최종 발부함.

송광사는 일제강점기에 임야조사사업(1921)으로 신흥리 5정, 봉산리 1정 3반의 소유권을 확보하고, 추후 사정 절차를 거쳐 장안리 산2번지 161정 7반(2등분한 장막동 산림)에 대한 소유권(1929)도 마저 확보하게 되었다. 송광사가 확보한 필지별 사찰숲의 소유권은 그 후, 조선총독부가 시행한 사찰숲 관련 벌채허가원과 시업안을 통해서도 확인된다.

사찰숲의 규모 변화

봉산구역과 일제강점기 산림 규모 비교

송광사 산림은 시대에 따라 그 규모가 변했다. 조선시대 금양 했던 율목봉산과 향탄봉산의 면적을 정확하게 산정할 수는 없지만, 그 경계 구역을 비교하면 두 봉산 사이에도 획정된 산림 면적상에 큰 변화가 있음을 확인할 수 있다.

조선시대의 봉산경계와 일제강점기의 사찰숲 경계를 평면

적으로 비교하면, 봉산으로 확정된 산림면적보다 일제강점기의 산림 면적이 크게 축소되었음을 확인할 수 있다. 일제강점기에 시행된 임야조사사업과 사찰숲의 소유권 형성 시기를 거치면서 송광사가 금양했던 율목봉산의 확정구역이 축소된 대표적 지역은 장안리, 이읍리, 신평리, 낙수리 일대의 산림이다. 이 일대의 산림은 부분적으로 소면적의 산림이 몇몇 곳(이읍리 산50, 75, 장안리 산3, 79, 405, 봉산리 산16)에 산재해있지만, 1830년 율목봉산의 초기 봉표 구역 내에 있었던 대부분 산림은 사찰 숲에서 제외되었음을 확인할 수 있다.

1830년에서 1930년의 일백년 사이에 송광사가 금양했던 산림의 관리구역(또는 소유권 확정지역)이 축소된 이유는 무엇일까? 그 이유는 여러 가지 측면에서 추정할 수 있다.

첫째, 송광사 남쪽에 있는 이읍과 봉산과 장안을 이어주는 문치와 인구치 주변의 산림은 예로부터 이들 지역에 많은 주민이 거주했고, 그에 따른 산림이용의 관행(화전, 개간, 연료나 꼴 채취에 의한 입회권 인정)으로 인해, 송광사가 일제강점기에 이 지역 산림의 소유권을 더 이상 주장하지 못했거나 안했던 것이란 추정도 가능하다.

둘째, 율목봉산의 경계로 확정한 봉표를 세운 14곳의 위치 중, 한문으로 표기된 지명을 현재의 지명으로 정확하게 파악하지 못했거나 또는 잘못 파악하여 원래 경계보다 더 넓은 임지를 율목봉산의 경계로 상정했기 때문이라는 추정도 가능하다.

셋째, 율목봉산과 향탄봉산의 관리(벌채, 운송, 기타 잡역)에 필요한 인력을 충당하기 위해, 촌락 주변의 임지까지 봉산경계로 획정하여 주민 동원을 용이하게 한 것일 수도 있다는 추정이다. 이러한 추정은 송광사 남쪽의 외산지역(장안, 고읍, 이읍, 산척)과 가람의 북서쪽 출구 지역(진촌, 평촌, 외송)에서 주로 밤나무의 벌채와 운반에 필요한 인력을 동원하고 있는 율목봉산의 기록에 근거를 둔 것이다.

시대별 추정 송광사 사찰숲 면적

시기	경계 구분 계기	사찰숲 면적	비고
1830	율목봉산 4표와 14봉표	1,600정보 이상	
1900	향탄봉산 동서남북 4표	1,600정보 이상	
1909	지적신고	1,300여 정보	
1921	임야조사사업		
1927	총독부 사유림 시업안	1,404정보	
1931~1937	총독부 벌채 허가원	1,560정보	행정리 156정보 포함
1943	총독부 벌채 허가원	1,572정보	소면적 필지 포함
1964	동국대학교에 228정보 무상 양여	1,399정보	장안리 산2 161정보, 산 3-1 21정보, 산3-2 20정보, 산3-3 26정보
1981~현재	소유권 이전 등	1,356정보	신흥리 산96 등

조선 말기(1830)에서 일제강점기의 최종 시업안 작성시기 (1930) 사이의 일백년 동안에 송광사가 금양의 대상으로 삼았

던 율목봉산의 경계구역과 일제강점기에 소유권이 확보된 사찰숲 면적(1560정보)사이에는 상당한 면적 축소가 발생했음을 구체적으로 확인할 수 있다. 송광사가 금양 했던 봉산 산림에 대한 축소현상의 발생 원인과 사찰의 대응은 추후 연구할 과제라 생각된다.

일제강점기와 현대의 산림 면적 비교

송광사 사찰숲 면적의 변화는 일제강점기에도 있었다. 조선총독부의 삼림령(1911년)은 사찰 운영에 필요한 재원(가람 수리, 중건, 교육, 교부금 납부 등)을 충당하고자 산림벌채를 원하는 개별 사찰은 산림 경영 계획안(시업안)을 작성하여 총독부의 인가를 받도록 규정했다.[77] 일제강점기 초기에 시업안 없이 벌채를 했던 송광사 역시 벌채사업을 지속하고자 산림조사와 경계측량을 실시하여 시업안을 작성했다. 송광사의 1927년도 최초 시업안에는 사찰숲 면적을 1,404정보로 밝히고 있다.[78]

1927년의 송광사 시업안(산림면적 1,404정보)과 벌채 사업을 진행하고자 1931년에서 1937년까지 총독부에 제출한 3건의 벌채허가원(산림면적 1,560정보)에는 산림면적에 차이가 발생하고 있다. 몇 년 사이에 156정보의 사찰숲이 늘어난 이유는 조선총독부 임야조사위원회가 행정리 산림 156정보의 소유권이 송광사에 있다고 1928년에 최종 판정하여, 그 필지를 1930년

119

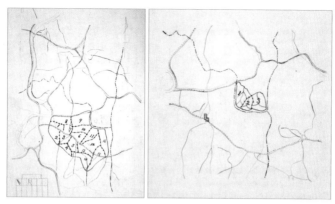

산림부의 1927년 시업안 임분 구분도(왼쪽)와 1930년 시업안 임분 구분도(오른쪽). (송광사 성보박물관 제공)

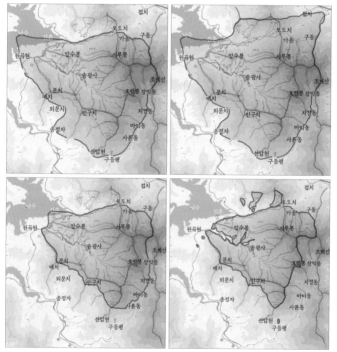

송광사 1830년 율목봉산(왼쪽 위)과 1900년 향탄봉산(오른쪽 위)경계 및 산림 구역을 표시한 1930년 시업안 경계(왼쪽 아래)와 2011년 산림청 사찰임야현황도(오른쪽 아래)의 경계

의 사업안에 다시 포함시켰기 때문이다.

한편 1943년에 총독부에 제출한 벌채허가원에는 그 이전의 벌채허가원보다 12정보 더 늘어난 사찰숲 면적(1,572정보)이 기재되어 있다. 이 시기에 사찰숲의 면적이 증가한 이유는 사찰이 임야를 기부 받거나[79] 자체적으로 구입했거나 또는 임야조사사업으로 누락된 필지를 양여 받았기 때문인지 정확하게 확인할 수 없다.

송광사의 사찰숲 면적은 1960년대 이후에도 줄어들었다. 가장 큰 감소 원인은 장안리 일대(산2번지, 산3-2, 산3-3) 228정보의 산림 소유권을 동국대학교에 무상양여(1964)했기 때문이고, 1984년에서 1991년까지 축조된 주암댐 공사에 따라 여러 필지의 사찰숲이 수몰된 것에도 그 원인을 찾을 수 있다.

사찰숲의 수종 구성 변화

지난 100년간의 임상 변화

송광사 사찰숲의 수종 변화는 현재에도 지속되고 있다. 송광사 주변에 거주하던 주민이 많지 않던 시절에 송광사 숲은 인간의 영향을 크게 받지 않았으리라 추측할 수 있다. 소수의 거주민이 숲에서 얻어야 할 목재와 연료와 임산부산물의 양은 숲의 형태(林相)에 변화를 줄만큼 그리 크지 않았으리라고 추정할 수 있다.

어느 문화권에서나 유사하게 발생하는 현상이듯이, 송광사의 숲도 인구증가에 따라 지속적으로 변할 수밖에 없었다. 조선시대 옛 문사들의 문집에는 송광사로 들어가는 길목은 소나무 숲이 울창했다고 기록되어 있다.[80] 소나무 송松과 넓은 광廣의 사찰 명칭처럼 조계산과 송광산 일대에 소나무들이 많았을 것으로 추정할 수 있다. 하지만, 구체적으로 그 당시 소나무의 분포 정도나 생육 상태는 확인할 수 있는 방법은 없다. 옛 문사들이 송광사를 방문했던 시기에는 적어도 송광사 주변에 거주하던 백성들이 많았고, 그래서 송광사의 활엽수림은 그 당시에도 이미 소나무 숲으로 변하고 있었음을 간접적으로 추정할 수 있을 뿐이다.

송광사 사찰숲의 수종 구성에 대한 보다 구체적인 내용은 일제강점기에 작성된 1927년도 시업안을 통해서 확인할 수 있다. 이 시업안에 의하면 송광사 일대의 산림에서 1923년도부터 소나무를 대대적으로 벌채했고, 숲을 이루고 있는 대표 수종은 소나무를 비롯하여 졸참나무, 떡갈나무와 같은 참나무류와 백양나무, 단풍나무, 층층나무, 참피나무 등의 활엽수로 구성되어 있다고 밝히고 있다.

1927년의 시업안에는 국사전 수리시 필요한 목재를 조달하고자 1918년 63그루의 소나무를 벌채했고, 제6차 중창을 위해 1923년부터 3년간 인구치 40정보, 신평치 60정보, 신흥치 20정보의 산림에서 소나무 82,000그루와 잡목 15,000그루를 벌채했다고 밝히고 있다. 따라서 그 당시 가람과 가까운 신흥리, 신평리 일대와 인구치 주변은 소나무 숲이었을 것으로 추정할 수 있다.

시업안에는 1923년 제6중창을 위한 소나무 벌채 전의 원래 산림은 소나무림과 활엽수림이 약 절반씩 차지한다고 밝히고 있다. 그러나 1927년의 시업안에는 소나무가 621정보, 활엽수가 440정보, 침활혼효림이 343정보로 기술되어 있어, 소나무 절반 이상을 차지하고 있음을 알 수 있다. 따라서 전체산림에 대한 임종별 비율은 침엽수림 44.2%, 활엽수림 31.3%, 침활혼효림 24.4%였다. 이 시업안을 참고하면 1920년대 후반의 송광사 산림은 침엽수와 활엽수의 대체적인 비율이 6:4 정도였을 것으로 추정할 수 있다.

한국임업진흥원의 2015년도 산림정보 서비스에 의하면, 송광사 산림의 수종구성은 지난 90여년 사이에 급격하게 변했음을 확인할 수 있다. 임종을 구별할 수 있는 송광사의 산림 1349정보 중, 일제강점기 시업안에 포함되지 않은 신흥리 산 92, 96, 110, 111, 118 필지를 제외하고, 나머지 조사대상 산림 1,279ha을 분석한 결과, 침엽수림은 160정보, 활엽수림은

1,084정보, 침·활혼효림은 35정보로 조사되었다. 일제강점기
에서 현재까지 송광사가 보유하고 있는 1,279ha의 산림에 대
한 임종별 비율은 침엽수는 12.5%, 활엽수는 84.8%, 침활혼
효림은 2.7%로 파악되었다.(아래 표와 그래프 참조)

송광사 산림의 수종 구성 변화(1927년의 시업안과 2015년 필지별 산림 정보)

년도	1927년			2015년		
수종	침엽수	활엽수	침활혼효림	침엽수	활엽수	침활혼효림
면적(ha)	621	440	343	160	1,084	35
구성비(%)	44.3	31.3	24.4	12.5	84.8	2.7
전체산림면적(ha)			1,404			1,279*

*산정된 전체 산림면적 1,279ha는 일제강점기 시업안에서 현재까지 송광사가 보유하고 있는 산림
을 대상으로 조사한 것임. 시업안에 포함 안 된 필지(신흥리 산92, 96, 110, 111, 118)는 제외함.

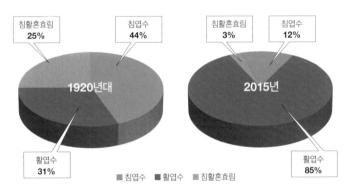

1920년대와 2015년의 송광사 산림의 수종 구성 변화

송광사가 보유하고 있는 17필지의 산림 중, 일제강점기의 시업안에 포함된 11필지만 분석하고, 또 필지별 침엽수, 활엽수, 침활혼효림의 비율을 필지의 전체 면적에 대입한 결과이기에 분석 상에는 오차가 발생할 소지가 있다. 이런 오차 발생의 가능성을 감안하더라도, 약 90여년 사이에 송광사의 산림 수종이 급격하게 변했음을 부정할 수 없다.

지난 90여년 사이에 진행된 송광사 산림의 수종 변화 내용을 정리하면, 소나무가 주종을 이루었던 침엽수림의 전체 면적에 대한 비율이 44.2%에서 12.5%로 줄어든 수치에서 보듯이 소나무 숲의 급격한 쇠퇴 현상을 확인할 수 있다.

소나무 숲의 면적이 감소한 원인은 무엇일까? 여러 측면에서 그 이유를 추정할 수 있다.

1) 남부지방에 지난 수십 년 간 병해충에 의한 소나무림의 피해는 일상화되었으며,

2) 도시화 산업화로 인해 소나무 숲에 지속적으로 가했던 인간의 간섭(임산연료 및 임상유기물 채취, 퇴비용 활엽수 채취)이 줄어들면서 산림토양이 개선되었고, 비옥해진 산림토양에서 활엽수림의 생육이 촉진됨에 따라 상대적으로 생장 속도가 느린 소나무가 활엽수에 피압 되어 활엽수와의 생존경쟁에 밀려서 점차 도태되고 있으며,

3) 지구온난화로 인해 소나무보다는 활엽수 생육에 더 양호

한 생육환경으로 전환되었고,

4) 조계산 일대가 1979년에 도립공원으로 지정됨에 따라 송광사 산림에서 더 이상 벌채작업이 이루어지지 않았던 이유에서도 소나무 쇠퇴 현상의 이유를 찾을 수 있다.

결국 송광사 솔숲의 쇠퇴 현상은 인간의 간섭으로 자연의 천이과정을 방해하여 유지시킨 솔숲을 이용했던 농경사회의 관행이 사라지고, 자연의 복원력에 따라 활엽수림으로 천이가 진행되고 있는 나라 전역의 현상이 송광사 숲에서도 유사하게 발생하고 있는 셈이다. 송광사의 숲은 원래 소나무가 주종을 이루는 숲은 아니었다. 일제강점기에 작성된 1927년도 시업안에는 송광사 주변의 장안리, 산척리, 봉산리, 이읍리 주변의 활엽수림은 인근 주민들의 땔감 채취와 화전으로 난벌되어 황폐되었다고 서술하고 있다. 난벌과 화전으로 활엽수 임지가 헐벗을 경우, 산림토양도 척박해져 생명력이 강한 소나무만이 그런 토양 조건에서 자랄 수 있다.

송광사의 1927년 시업안이나 또는 1931년, 1936년, 1937년, 1943년의 벌채허가조서에 외산지역의 활엽수림이 침엽수림으로 바뀌고 있음을 계속 언급하고 있는 기록을 참고하면 19세기부터 20세기 초에 이르기까지 송광사의 산림 상황은 다음과 같은 것으로 추정해본다.

주변 주민들에 의한 활엽수림의 난벌→임상 파괴→산림토양 악화→활엽수 생장 저해→소나무 침입→소나무 숲 면적 점차 확대

오늘날은 19세기와 20세 초반에 진행되었던 인위적 극상상태 유지와 소나무 숲 이용과는 역으로 다음과 같은 진행 상황이 극명하다.

병해충으로 소나무 쇠퇴→산림토양회복→활엽수와 소나무 생육 경쟁→소나무 쇠퇴→활엽수 득세→활엽수림 면적 확대

지난 40년간의 수종 변화

지난 40년간에 진행된 송광사 산림의 임상 변화는 산림청이 제공하는 임상도로 확인할 수 있다. 산림청은 1972년도부터 전국산림자원조사와 연계하여 항공사진 판독과 현지조사를 통해 1:25,000 축척의 임상도를 제작해왔다. 1972년부터 진행된 임상도 제작 사업은 대략 10년 주기로 진행되어 2005년도에는 4차 산림자원조사 사업이, 그리고 2007년에는 임상도 제작이 완료되었다.

송광사 임상도에 나타난 가장 특징적인 부분은 지난 40년 동안 소나무 숲의 감소현상이다. 10년 주기로 제작된 임상도를 분석한 결과, 송광사의 산림은 소나무 단순림의 면적과, 소

나무와 활엽수의 혼효림의 면적이 점차 감소하고 있는 반면,
활엽수림의 면적은 상대적으로 안정되어 있거나 증가하고 있
는 것으로 파악되었다.(아래 그림 참조)

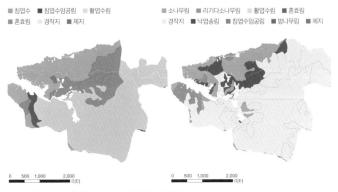

■ 침엽수 ■ 침엽수임공림 ■ 활엽수림   ■ 소나무림 ■ 리기다소나무림 ■ 활엽수림 ■ 혼효림
■ 혼효림 □ 경작지 ■ 제지   □ 경작지 ▼ 낙엽송림 ■ 침엽수임공림 ■ 밤나무림 ■ 제지

1970년대의 임상도(왼쪽)와 2000년대 임상도(오른쪽)

　　임상도로 확인된 송광사 산림의 수종구성이 소나무에서 활
엽수류로 변화하고 있는 결과는 송광사 일대의 숲이 지구온난
화의 영향으로 활엽수 중심으로 급격하게 변하고 있음을 뜻하
며, 기후변화에 대처하기 위한 적절한 대비책을 송광사도 수
립할 필요가 있음을 시사한다.

　　소나무 중심의 산림에서 활엽수 중심의 숲으로 변하는 이러
한 결과는 조계산의 식물군집에 대한 기존 연구결과들[81 82 83]과
다르지 않으며, 일제강점기 1927년 시업안 작성 당시의 산림
구조와 현재의 산림 구조를 비교해본 앞의 서술내용과도 일치

하는 부분이다. 풍치 존엄의 유지, 경관 관리적 측면에서 산림 수종의 변화에 대한 대비책을 수립할 필요가 있다고 주장하는 이유도 이와 같은 변화 추세가 앞으로 더욱 심화될 것으로 예상되기 때문이다.

06

송광사
산림 관리
역사

조선시대

조선시대 사찰이 관리한 산림은 왕실에서 사찰에 하사한 땔감 숲(柴地) 이외에도 여러 종류의 산지도 있었다. 먼저 왕실 원당 (원찰)이 수호했던 능침과 태실 주변의 산지를 들 수 있고, 조선 후기에 사찰이 금양했던 봉산도 있다. 왕실에서 하사한 땔감 숲의 사례는 삼국사기는 물론이고 조선왕조실록에도 수록되어 있다. 이러한 기록에 비추어 볼 때, 배타적 활용을 보장받고 독점적 권한을 행사할 수 있는 사찰의 시지 분급은 불교 전래 이래로 조선시대 초기까지 이어온 국가의 일관된 정책이라 볼 수 있다.

반면 사찰의 능침과 태실 주변 산지 수호는 조선시대에 사찰에 새롭게 부여된 임무였다. 흥천사가 정릉(신덕왕후)의 능침 사찰로 태조 6년(1397) 지정된 이래 용주사의 헌릉원(사도세자)의 능침사찰로 지정된 정조 14년(1790)까지 400여 년 동안 19개의 사찰이 조선 왕실의 능침수호 임무를 수행했다. 태실봉안 사찰은 전북 만인산의 봉수사(태조)에서 속리산 상환암(순조)에 이르기까지 15개 사찰이 400여 년 동안 태실 주변의 산지를 수호했다.[84]

조선 후기에 이르러 사찰은 봉산 금양이라 일컫는 새로운 산지를 관리하기에 이른다. 봉산 금양은 땔감 조달용 숲이나 능침과 태실 주변의 산지 수호와는 유형이 다른 산림 관리라 할 수 있다. 조선시대에 사찰이 감당했던 산지 수호와 봉산 금양을 이해하기 위해 먼저 능침과 태실 주변 산지를 수호했던 왕실 원당의 성격을 살펴보자.

원당(원찰)은 왕실기도처나 왕실의 능역과 태실 주변을 수호했던 사찰을 말한다. 조선시대 총 249개소의 사찰이 원당으로 지정되었고,[85] 이는 조선 후기 전체 사찰(시대에 따라 1,363~1,684개소)의 15~18%에 달하는 수치로 결코 적다고 할 수 없다. 선왕 선후의 명복을 비는 원당 역시 광범위한 시지(또는 산림)을 확보할 수 있었다. 태종, 세종, 명종실록의 시지에 대한 기록들이 그러한 내용으로, 양주 회암사는 태조와 세종의 원찰(왕실기도처)이었고, 금강산 표훈사와 유점사는 세조의 원찰이었다.

왕실 원당은 왕실기도처 이외에 능침과 태실 주변의 산지를 수호하는 임무를 가진 사찰(능침수호사찰과 태실봉안사찰)도 있었다. 능침과 태실을 수호한 원당의 임무는《묘전궁릉원묘조포사조廟殿宮陵園墓造泡寺調》를 통해서 짐작할 수 있다. 조포사조에는 능역의 보호 관리를 책임진 능침사찰의 승려는 "절 인근(능역 인근)의 나무 한그루, 풀 한포기도 함부로 베지 못하게 엄히 감시하라"는 지침이 수록되어 있다.[86] 왕실이 능역과 태실 주변의 산림을 철저하게 보호한 이유는 풍수적 길지인 이들 장소가 훼손되면 왕조의 번영에 해롭다고 믿었기 때문이다.

원당의 산지 수호 사례는 선희궁宣禧宮의 원당인 법주사法住寺가 태실이 있는 속리산 일대의 수호사찰이었고, 어의궁於義宮의 원당인 파계사把溪寺는 팔공산 일대의 수호사찰이었다. 원당 사찰이 수호한 산지의 독점적이며 배타적 이용권은 일제강점기에 금양실적으로 인정받아, 종국에는 현대적 소유권을 주장할 수 있는 연고의 근거가 되었다.

사찰숲의 형성 유래

사찰림 형성	시대				
	신라	고려	조선	일제강점기	대한민국
시지		→			
능침 태실 산지수호			→		
봉산 금양			→		
임야 조사				→	
소유권 등기				→	

조선 말기에 이르러 사찰이 봉산 금양을 자임한 데는 여러 가지 요인이 복합적으로 작용했다. 조선 전기의 금산제도에서 조선 후기 숙종 대에 봉산제도로 바뀐 조선의 산림시책 전환도 한 요인으로 작용했고,[87] 조선 후기에 이르러 더욱 악화된 사원경제의 수탈상황[88]과 나라 전역에 심화된 산림황폐도 일조를 했다. 원당의 봉산 금양은 이미 조선의 산림정책에서 봉산의 출현 배경, 봉산의 종류, 사찰의 봉산 금양 배경 등을 살

펴본 바 있다.

송광사의 율목봉산 금양

송광사의 율목봉산이 중요한 이유는 율목봉산의 획정에서
부터 금양, 관리, 경계, 인력동원, 보호, 벌채, 이용에 따른 전 과
정을 확인할 수 있는 기록이 남아 있기 때문이다. 다른 사찰들
도 봉산(율목봉산, 향탄봉산, 송화봉산)으로 지정되었고, 또 지정 사
유를 밝힌 기록이 완문으로 일부 남아 있지만, 봉산 금양의 전
과정을 밝히고 있는 절목이나 봉산 관리에 대한 구체적 기록
을 남긴 사찰은 송광사 이외에는 없다.

1) 지정 이유

조선왕실에서 송광사의 산림을 율목봉산으로 지정하고, 그
관리를 사찰에 맡긴 이유는 먼저 밤나무 공납의 어려움에서
찾을 수 있다. 영조 21년(1745)의 실록에는 "삼남三南의 읍邑에
율목栗木을 분정分定하던 예를 혁파하고 구례현求禮縣 연곡사
燕谷寺로 주재봉산主材封山을 만들어 율목을 장양長養하도록 하
소서"라는 내용이 기록되어 있다. 조선왕조실록의 이 기록은
충청도와 경상도와 전라도의 각 읍에서 조달했던 밤나무 목재
의 확보가 더 이상 곤란하기 때문에 1745년에 연곡사 주변의
밤나무 숲을 주재(율목)봉산으로 지정하게 되었다는 내용이다.

이 기록은 1808년에 편찬된 만기요람과 1861년에 제작된 대동여지도에 구례에 율목봉산이 표기된 결과와 부합한다.

영조 21년 실록의 기사처럼 산림부에도 율목봉산을 시행하기 이전에는 '주재主材(밤나무)를 삼남三南에서 벌목'하여 충당하였음을 밝히면서, 기존의 밤나무재 생산지들이 모두 사라졌기 때문에 새롭게 봉산을 지정해야 한다고 밝히고 있다. 특히 사고에는 보다 구체적으로 경상도에서 400그루, 전라도에서 300그루를 배정하여 국용주재 밤나무의 수요를 충당한다고 밝히고 있다.

이러한 기록을 참고할 때, 율목봉산을 지정한 이유는 18세기 전반까지 삼남의 각 읍에서 조달했던 질 좋은 밤나무 목재가 고갈되었고, 그 대안으로 비교적 산간오지에 자리 잡은 사찰 부근의 밤나무 숲을 1745년부터 율목봉산으로 지정하여, 필요한 국용주재를 조달하고자 원했기 때문이라 할 수 있다.

율목봉산에 대한 왕조실록이나 승정원일기의 14건 기록 중, 사찰이 구체적으로 언급된 기록은 5건이다. 이들 내용은 바로 율목봉산의 지정순서라 할 수 있다. 승정원일기 중 영조 21년(1745)에는 연곡사에 황장봉산을 지정하고, 그 다음 해 1746년에는 밤나무재의 고갈을 염려하여 하동 쌍계동 일대를 율목봉산 후보지로 물색하고 있다. 결국 연곡사 주변을 율목봉산으로 지정한 3년 후, 구례 연곡사가 관리하는 율목봉산의 밤나무

목재 생산이 감소함에 따라 하동 쌍계동 일대의 쌍계사, 칠불
사, 신흥사 등에 율목봉산을 새롭게 지정하도록 1748년에 교
시를 내리고 있다.

다시 17년이 지난 후, 쌍계동 일대에서도 밤나무재목의 확
보가 쉽지 않아서 영조 41년(1765) 8월에는 조정에서 전라도
영광현 영취산에 율목이 무성하다는 소문을 듣고 율목봉산의
지정 여부를 논의하고, 그 몇 달 뒤 12월에는 구례봉산(연곡사)
의 사례에 따라 영광의 영취산을 율목봉산으로 지정하게끔 교
시하고 있다. 위패제작을 위한 밤나무 목재의 확보는 영조 45
년(1769) 8월의 기록에도 나타나는데, 전라도 순천 조계산과
광양 백운산에 밤나무가 무성함을 보고 받고 봉산지정이 합당
한지 논의하고 있다. 이듬해 1770년 1월에는 이들 장소를 봉
산으로 지정할 것을 주문하고 있다.

이들 새롭게 율목봉산의 대상지가 된 영취산, 조계산, 백운
산이 언급된 기록에는 사찰 이름을 밝히고 있지 않지만, 승려
등이 관리하도록 한다는 내용에 비추어 볼 때, 이들 봉산지역
도 사찰에 율목봉산의 관리를 위임했을 것으로 상상할 수 있
다. 영조 시대 이후, 율목봉산에 대한 기록은 순조 8년(1808)에
순천부 조계산에 율목봉산을 지정할 것인지 논의하고 있다.

시기별 사찰의 율목봉산 지정 순서

사찰(山)명	시행시기	출처
연곡사	1745	승정원일기 영조 21년
쌍계사, 칠불사, 신흥사	1748	승정원일기 영조 24년
영광의 영취산	1765	승정원일기 영조 41년
승주 조계산, 광양 백운산	1769	승정원일기 영조 45년
송광사	1830	승정원일기 순조 30년

2) 지정 절차

율목봉산의 지정 절차와 관리 운영 방법은 산림부를 통해
서 확인할 수 있다. 율목봉산의 지정 절차는 왕실의 절실한 필
요가 있었지만, 형식상으로는 먼저 전라관찰사가 조정에 지정
요청의 품의를 구하는 형식을 따르고 있다. 전라관찰사는 국
가의 제사와 시호를 관장하던 봉상시奉常寺에 연곡사의 율목
봉산栗木封山만으로는 나라에서 필요한 위패제작용 밤나무를
도저히 충당을 할 수 없는 형편을 설명하고, 그 해결책으로 송
광사 일대를 율목봉산으로 지정하기를 원한다는 장계를 올리
면, 그 장계에 따라 봉상시는 왕세자에게 송광사의 율목봉산
지정을 요청하고, 조정에서는 왕세자의 이름으로 허가를 했음
을 '사고'에는 밝히고 있다.

그 지정절차를 도표로 표시하면 다음 그림과 같다. 국왕의
제가를 받은 봉상시는 중앙의 정부기관(홍릉, 장례원, 궁내부)과

지방관(수령, 병영, 진영)에 율목봉산의 절목을 전달하여 봉산관리와 율목생산에 차질이 없도록 지시하고 있다.

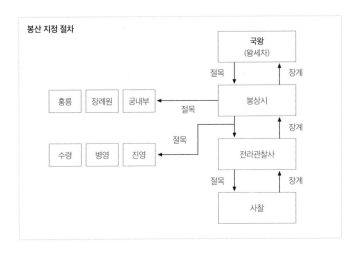

봉산 지정 절차

3) 시행규칙(절목)

산림부에는 율목봉산의 운영에 필요한 시행규칙(節目)이 기록되어 있다. 그 내용은 율목봉산을 이미 운영하고 있는 연곡사와 쌍계사의 절목을 참고하여 시행하고, 절목 사본을 병영兵營과 수영水營과 진영鎭營 및 고을 수령에게 보내어 율목봉산의 운영에 차질이 없도록 지시하는 것으로 구성되어 있다. 산림부에 기록된 17개 항의 간추린 절목 내용은 다음과 같다.

○ 절목사본을 병영, 수영, 진영, 본 고을의 수령들에게 보내

영구히 준행토록 한다.

○연곡사, 쌍계사, 송광사가 함께 3년 사이에 돌아가면서 벌목하고자 하며, 봉표 안의 사찰과 민호는 봉상시에 이속시켜 밤나무의 보호와 양성에 힘쓰게 하며, 매년 500그루씩 심는다.

○이속되었기 때문에 그 이전에 부과되던 감영, 병영, 수영, 진영, 본 고을 및 여러 상급관청의 각 아문에서 부과하던 역이나 갖가지 청구를 면하고, 봉산 일에 전념케 한다.

○백성이 모경(몰래 경작)한 곳은 밤나무 식재가 적당하면 밤나무를 심고 가꾼다.

○지방양반과 백성들이 봉산을 훼손할 때는 황장목을 벌목한 죄와 같은 수준으로 엄하게 다스린다.

○무덤을 몰래 조성하거나 밤나무를 몰래 벌채할 경우, 율로 논죄하고, 총섭이나 도별장이 옳게 다스리지 못하거나 부정행위를 할 경우, 귀양을 보낸다.

○총섭과 율목도별장은 봉상시에서 차출하고, 인신과 장패를 주어 봉산의 모든 일을 함께 입회하여 수행하며, 기타 업무는 사찰의 주지와 도내 승통이 남북한南北漢 산성 총섭의 예에 따라서 한다.

○절의 승려 중에서 도산직을 정하고, 규정에 따라 단속하며, 마을 주민 중 패산직을 차출하여 함께 조사와 보호 업무에

임한다.

○화전경작은 때마다 조사를 실시하고, 세금을 거둔다.

○봉산에 밤나무 식재는 승려와 백성이 맡아서 하고, 매년 차감을 보내 관리 감독하는 한편 격려한다.

○패산직은 총섭과 별장이 상의하여 정하고, 보고하면 본시 (봉상시)에서 차출한다. 차감은 산직의 게으름, 총섭과 별장의 게으름도 본시에 보고한다.

○봉산일에 종사하는 이는 영문과 본관이 부여하는 군역과 사역을 면하고, 어기면 법률에 따라 엄중히 처벌한다.

○율목경차관에 대한 밤나무의 벌채 준비 및 대접은 감영에서 나누어 거행하고, 경차관, 범철관의 가마꾼, 밤나무 벌채 운반 치목 삶는 일, 포장, 포구로 운반 하는 등 사역에 동원되는 모든 일은 봉표 안의 승려와 백성들에게 책임 지울 수 없으며, 본관에서 다른 군과 면에 배정하여 시행한다.

○산지기들의 근면 정도를 4등급으로 보고한다.

○승도를 모집하고, 다른 절로 도망간 자는 찾아서 데려와 봉산관리에 임하게 한다. 다른 도의 승려로서 봉산 안으로 들어온 자는 머물게 하며, 못 데려가도록 하며, 신역이 있으면 그 역시 면해준다.

○절목 반포 후, 봉산 안의 승려와 백성의 부역을 즉시 면제한다.

○다른 봉산의 예에 따라 규례에 따라 종이는 제조하여 계속 바칠 것.

4) 관리 감독

산림부에는 조선 조정이 위패용 밤나무 목재를 원활하게 조달하는데 필요한 관리 감독에 대한 절차를 자세하게 서술하고 있다. 조정(봉상시)에서는 해당 사찰에 차감을 파견하여 관리감독 업무를 수시로 확인하는 한편, 차감과는 별개로 특수임무를 수행하는 율목경차관栗木敬差官을 3년마다 해당 사찰(연곡사, 쌍계사, 송광사)에 보내서 밤나무 식재와 위패용 재목의 벌채작업을 감독하였다.

그 일환으로 송광사에는 율목봉산의 업무를 총괄할 책임자인 총섭摠攝(주지)과 부책임자인 율목도별장栗木都別將을 임명하고, 관인官印과 나무 패(將牌)를 하사하여 인허가 업무를 관할하게 하였다. 오늘날 이 관인과 장패는 송광사 박물관에 전시 수장되어 있다.

조정의 지시에 따라 송광사는 도벌단속과 보호업무를 수행할 승려(都山直)와 봉산순찰을 담당할 마을주민(牌山直)을 지정하여 도벌과 몰래 경작冒耕하는 일이 없도록 하였다. 또한 봉산 경계로 동(굴목치), 서(외문치), 남(이읍촌), 북(오도치) 4곳에 표석을 설치하는 한편, 이들 경계 사이사이에 14개의 표석을 세워 구역을 한정하였다. 아쉽게도 십여 개의 표석이 율목봉산의 경계지역에 180여 년 전에 세워졌지만 오늘날 어떤 표석도 발굴된 것이 없다.

율목봉산의 감독 관리 체계

5) 밤나무 식재

봉산의 밤나무는 승려와 백성들이 심었고, 매년 조정에서 감독관을 보내 식재 작업을 감독하였다. 밤나무 묘목의 확보, 식재 시기, 식재 방법 등에 대한 구체적인 기록은 남아 있지 않다.

6) 밤나무 벌채와 조제와 운반

밤나무의 벌채 과정은 율목경차관의 현장 파견에서 시작되었다. 주재 조달을 책임진 감독관인 율목경차관은 목수 1명과 범철관 1명을 대동하여 벌채목을 선정하였으며, 차출된 인원들이 운반작업(목수 1인과 군인 30명), 치목작업(목수 6명과 봉표 구역 내 백성 6명이 보조일꾼), 도배작업(승려)을 원활하게 수행하도록 감독하여 조정에 진상할 밤나무를 준비하였다. 특히 벌채목의 도배작업은 밤나무를 소금물에 찌고 몇 겹의 종이를 바르는 작업으로 승려에게 부여된 임무였다. 조제된 밤나무는 각 마을에서 동원된 인원이 도회관(수송책임자)의 감독 아래 운반되었다.

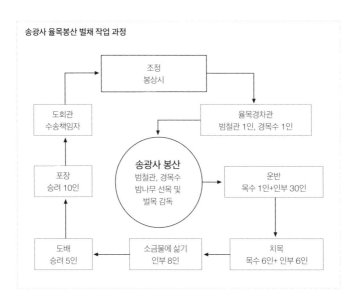

송광사 율목봉산 벌채 작업 과정

예조에서 전라도 경차관에게 발급한 밤나무벌채허가서(관문)가 수록된 1861년의 주재작벌등록책(송광사 성보박물관 제공)

송광사가 경차관에게 제출한 밤나무 운반 인원 배정 청원서(등장)가 수록된 1861년의 절목(송광사 성보박물관 제공)

7) 밤나무 생육장소

산림부에는 밤나무가 있는 장소로, 모개방동毛開方洞, 실상동實相洞, 홍동洪洞, 굴등동窟嶝洞, 동암동東庵洞, 병항동甁項洞, 굴목동屈木洞, 피액동避厄洞, 위천자암동圍天子庵洞, 흑동黑洞, 진천자암동眞天子庵洞, 인구동人求洞, 고전동苽田洞, 서운동捿雲洞, 조계암동曹溪庵洞, 서양동西陽洞, 보조남암동普照南庵洞, 청채동靑菜洞, 법당후동法堂後洞, 사대동寺垈洞을 제시하고 있다. 한자로 표기된 이들 옛 장소에 대한 오늘날의 위치는 다음과 같이 조사되었다. 그러나 이들 장소 중 병항동, 흑동, 고전동, 서운동, 청채동에 대한 위치는 확인할 수 없었다.

모개방동毛開方洞-모가배비골로 불리며, 스님들의 휴게계곡
인 수석정 골짜기

실상동實相洞-실상암이 있던 곳

홍동洪洞-홍굴 위쪽 골짜기

굴등동窟嶝洞-국골 위쪽 골짜기

동암동東庵洞-시앙골 동쪽 골짜기

굴목동屈木洞-굴목동은 굴목이재 골짜기

피액동避厄洞-피아골로 불리며, 송광굴목이재 아래쪽에서
왼편으로 들어간 골짜기

위천자암동圍天子庵洞-이천장골(이천자암골)로 불리며, 천자암
으로 가는 지름길 골짜기

진천자암동眞天子庵洞-이읍리 위쪽의 천자암 골짜기

인구동人求洞-운구재로 불리며, 송광사에서 상이읍으로 넘
는 고개

조계암동曹溪庵洞-조계봉 아래골로 조계암이 있던 골짜기

서양동西陽洞-시앙골로 불리며, 송광사에서 서쪽으로 보이
는 골짜기

보조남암동普照南庵洞-보조암, 남암 골짜기

법당후동法堂後洞-법당 뒤 골짜기

사대동寺垈洞-절터가 있던 골짜기로 관재 넘어 북암이 있던
골짜기

　　율목봉산 절목에 기재된 이들 지명을 확인한 결과, 밤나무
생육지의 대부분은 송광사를 둘러싸고 있는 주맥 내의 내산지
역 골짜기에 존재했고, 사대동, 진천자암동과 같은 오직 소수
지역만이 외산지역의 골짜기에 있었다. 외산지역에 있는 두
곳의 생육지 역시 인근에 암자(천자암, 북암)가 있기 때문에 상대
적으로 관리 감독이 용이한 곳이라 할 수 있다.(아래 그림 참조)

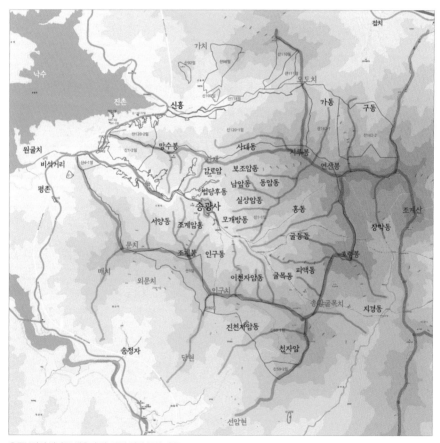

율목봉산의 밤나무 생육지 및 주변 인력 동원 마을

8) 인력 동원

송광사 율목봉산의 전령에는 송광사 주변 각 마을 마다 밤나무의 운반에 동원해야 할 사역 인원을 배정하고 있다. 장안 70명, 이읍 30명, 고읍 35명, 산척 25명, 평지(평촌) 25명, 진촌 5명, 외송 7명을 각각 배정하고 있다. 사역에 동원되는 인력은 외산의 남쪽 구역(장안, 이읍, 고읍, 산척)이 사찰의 서쪽 출입 통로 지역보다 더 많다. 이들 외산의 남쪽 지역의 거주민이 북서쪽 출구지역보다 더 많아서 인지, 또는 더 많이 봉산의 산림을 이용하기 때문인지는 불분명하다.

봉산 일에 종사하는 이들을 위한 반대급부도 있었다. 절목에는 '영문(營門)과 본관(本官)이 부여하는 군역과 사역을 면하고, 이를 어기면 법률에 따라 엄중히 처벌한다'는 항목과 절목 반포 후, '봉산 안의 승려와 백성의 부역을 즉시 면제한다'고 명기하여 불필요한 승역을 없앴다.

조정의 지시에 따라 송광사는 도벌단속과 보호업무를 수행할 승려(都山直)와 봉산 순찰을 담당할 마을주민(牌山直)을 지정하여 도벌과 몰래 경작하는 일이 없도록 하였다.

9) 율목봉산 절목의 산림학적 가치

산림부를 제외하고는 현재까지 봉산관리에 대한 어떤 공식 기록도 찾을 수 없다. 그래서 송광사의 산림부는 한국 임업사

송광사의 율목봉산 업무를 총괄할 책임자를 나타내는 총섭摠攝 장패將牌(왼쪽)와 산림부 율목봉
산 수록 내용(오른쪽)

또는 한국산림사의 중요한 부분을 증언하고 있을 뿐만 아니라
잃어버린 조선시대 산림행정의 일부분을 복원하고 있다.

산림 이용과 보호뿐만 아니라 산림행정의 구체적 절차와 형
식까지도 증언하고 있는 이 기록은 사찰의 산림 금양 실적으
로 인정되어 종국에는 해당 임야에 대한 법적 소유권을 확보
할 수 있는 근거가 되었다. 결국 우리가 오늘날 누리는 사찰숲
은 그냥 얻어진 것이 아니라 장구한 세월 동안 나무를 심고 숲
을 가꾸며 지켜온 사찰의 산림관리를 통해서 형성된 것임을
송광사의 율목봉산과 산림부는 증언하고 있다.

06 — 송광사 산림 관리 역사

송광사의 향탄봉산 금양

사찰의 산림을 향탄봉산으로 획정한 시기는 조선말이다. 조
선 조정은 건국 초기부터 능원 운영에 필요한 경비를 한양 인
근에 지정한 향탄산에서 조달하였다. 그러나 능원 운영 경비
를 충당하고자 장기간 약탈적으로 이용한 탓에 한양 인근의
향탄산은 조선 중기에 이르러 황폐해졌다. 조선 조정은 이미
지정된 향탄산이 황폐해질 경우, 다른 곳에 향탄산을 추가로
지정하여 능원 운영경비를 조달하였다. 산림황폐화가 나라 전
역으로 확산된 조선 후기부터는 원거리 운송에 따른 부담 때
문에 능원에 조달되던 향탄香炭도 현물에서 전세錢稅로 대체되
었다.[89]

나라 전역의 산림황폐에 따라, 조선 조정은 그 당시에도 비
교적 양호했던 사찰의 산림을 향탄산의 대안으로 고려하기 시
작했다. 사찰의 산림이 향탄봉산으로 획정된 시기는 예조에서
1880년 동화사에 내린 첩지로 확인된다. 동화사에 이어 1891
년의 해인사, 1900년의 송광사, 예천 용문사, 안정사에 이어
1902년 김용사로까지 향탄봉산이 이어졌다.

동화사의 산림이 향탄봉산으로 1880년에 획정되기 이전에
도 사찰의 산림이 향탄산으로 고려된 적은 있었다.《승정원일
기》에는 1776년에 축조된 원릉(영조와 계비 정순왕후의 릉)의 향탄
산으로 청도 운문사의 산림을 향탄산의 대상으로 고려하였다

무위사의 금표

고 밝히고 있다. 정조의 건릉 향탄산도 영암의 도갑사가 금양
했을 것으로 추정하는데, 도갑사 입구에 '건릉향탄봉안소健陵
香炭奉安所 사표내금호지지四標內禁護之地'라는 명문이 새겨진 금
표가 있기 때문이다.[90] 최근 도갑사의 사표내금호지지를 의미
하는 금표가 인근 무위사의 절 마당에서 발견되었다.

　사찰숲이 향탄산으로 획정된 또 다른 사례는 경주 함월산
기림사 부근의 '연경묘향탄산인계하불령봉표延經墓香炭山因啓下
佛嶺封標'와 용동2리 감골의 '연경묘향탄산인계하시령봉표延經
墓香炭山因啓下柿嶺封標'에서 찾을 수 있다. 연경묘는 1830년에 사

망한 효명세자의 무덤으로, 1835년 현종이 즉위하자 효명세자를 익종으로 추종하고 그 묘의 능호도 수릉綏陵을 부여했다. 따라서 연경묘 향탄산 봉표는 기림사의 사찰숲을 1830년대에 향탄산으로 획정했을 것으로 추정할 수 있는 근거가 된다.

사찰별 능원(사당)의 향탄(봉)산을 나타내는 기록 및 유물

사찰명	획정시기	해당 능원·궁	기록/유물(문헌, 완문, 첩지, 금표, 금패)
운문사	1776	원릉	정조 즉위년 승정원일기, 英宗大王國恤謄錄 乾 편
도갑사	1800 이후	건릉	健陵香炭奉安所 四標內禁護之地 禁標
기림사	1830 이후	연경묘[91]	경주 함월산 延經墓香炭山因啓下佛嶺封標, 延經墓香炭山因啓下柿嶺封標
동화사	1880	수릉	예조 첩지 및 綏陵香炭禁界, 綏陵封山界 封標
해인사	1891	명례궁	명례궁 완문(香炭封山)
송광사	1900	홍릉	조계산송광사사고 산림부의 향탄봉산, '향탄봉산수호총섭' 금패
안정사	1900	선희궁	고종의 차첩, 금송패
용문사 (예천)	1900	홍릉	장례원掌禮院의 완문香炭封山
김용사	1902	미상	香炭封山賜牌禁界 禁標
통도사	시기미상	홍릉	朝鮮山林史料(朝鮮山林會 1934)
용문사 (남해)	시기미상	미상	南海龍門寺 香炭封山守護攝 禁標

특기할 점은 여러 사찰이 향탄봉산으로 획정된 사실을 확인할 수 있는 완문, 첩지, 금표 등은 보유하고 있지만, 송광사만이 산림부에 향탄봉산의 금양에 관한 기록을 남기고 있는 사실이다.

1) 획정 배경

향탄봉산이 19세기 후반부 20여 년 동안 집중적으로 시행된 이유는 무엇일까? 그 이유는 율목봉산의 시행 배경에서 엿볼 수 있다. 조정에서는 삼남지방에서 위패 생산에 필요한 주재목(밤나무)이 고갈됨에 따라 18세기 중반부터 지리산 일대의 연곡사와 쌍계사 부근의 산림을 율목봉산으로 지정했다. 마찬가지 이유로 전국 각지에 지정된 향탄산이 더 이상 향탄세를 감당할 수 없을 정도로 헐벗었기 때문으로 유추할 수 있다. 그런 상황을 타개하고자 조정은 1880년에 동화사, 1900년에 송광사, 해인사, 예천 용문사, 안정사, 1902년에 김용사의 산림을 향탄봉산으로 지정하는 한편 사찰로 하여금 이들 향탄봉산을 관리하도록 하였다.

이런 시대적 배경을 고려할 때, 조선말에 사찰숲을 향탄봉산으로 획정한 이유는 그나마 온전하게 지켜온 사찰숲을 향탄산으로 활용하길 원했던 왕실의 실리적 이유도 무시할 수 없다. 사찰 역시 부과된 막중한 요역을 감면 받고, 왕실의 권위를 빌려 주변 산촌주민들에 의한 사찰숲의 도·남벌과 산지 침탈을 막기 위한 수단의 일환으로 스스로 향탄봉산의 관리를 자임했을 수도 있다. 전자의 추정을 뒷받침할 수 있는 사례는 송광사의《조계산송광사사고》산림부에서 확인할 수 있고, 후자의 추정을 뒷받침할 수 있는 사례는 해인사나 예천 용문사의 완문에서 확인된다.

왕실이 사찰 산림을 향탄봉산으로 획정한 이유나 사찰이 향탄봉산 금양의 임무를 자임한 이유는 결국 사찰숲을 보호하고, 또 그에 따른 다양한 혜택을 왕실과 사찰 상호간에 함께 누릴 수 있는 수단이었기 때문이라 추정할 수 있지만, 이 역시 앞으로 추가적인 연구가 필요한 부분이다.

송광사의 향탄봉산 수호 금송패(왼쪽)와 산림부 향탄봉산 수록 내용(오른쪽)

2) 송광사의 향탄봉산 시행 규칙(절목)

산림부에는 송광사의 산림이 1900년 6월 홍릉의 향탄봉산으로 획정된 배경과 구체적인 운영 방안을 수록하고 있다. 향탄봉산에 관한 절목은 모두 14조로 구성되어 있으며, 그 내용은 다음과 같다.

○ 관청, 군기청, 포진청 등에 바치는 밀가루 들기름, 본방전 등의 잡역은 영원히 없앨 것.

○ 지소紙所를 수리하는 본전本錢은 즉시 해당 담당자에게 내어 지급할 것.

○ 각청에 바치는 계방전契防錢과 전례에 따른 잡역을 영원히 없앨 것.

○ 사주인寺主人에게 지급하던 것도 영구히 없앨 것.

○ 내공방에 납부하는 화공미畵工米도 영구히 없앨 것.

○ 절의 봉산 구역 내에 묘를 쓰는 폐단을 관에서 금할 것.

○ 봉산 내의 산림을 철저히 보호할 것.

○ 향탄봉산을 수호하는 이는 팔만장경각 도총섭, 산도감인데, 지금부터는 본릉本陵에서 선택하여 정할 것.

○ 향탄봉산 보호에 필요한 총섭각패摠攝角牌 1개, 산도감 금패禁牌 1개, 산직山直 금패 2개를 본시에서 내려 보내니, 잘 간수하여 성설이 거행할 것.

○ 미진한 조건은 추후에 마련할 것.

송광사의 향탄봉산 절목은 잡역과 사역을 줄이라는 내용이 2/3이고, 향탄봉산의 관리와 보호에 대한 규칙은 오히려 간략하다. 향탄봉산의 절목에 사찰의 부역과 잡역 등 다양한 종류의 승역僧役을 감면한다는 내용을 세세하게 수록한 까닭은 사찰에 봉산 보호의 책무를 부여하는 반대급부로 왕실에서 사찰에 내린 혜택이라 할 수 있다. 이런 승역의 감면과 함께 해당 사찰 역시 왕실의 종찰로서 중창이나 중건사업에 필요한 재정적 물적(재목 기타)지원을 확보할 수 있었음은 물론이다.

송광사의 향탄봉산 획정의 이유를 이처럼 고찰하는 학계의 접근 방법[92]을 송광사는 어떻게 생각하고 있을까? 율목봉산과 향탄봉산에 대한 송광사의 의지를 엿볼 수 있는 내용은 송광사의 주지를 역임하신 현봉 스님이 금명보정 스님의 업적을 기리고자 펴낸 〈다송자〉[93]의 업적란에 자세히 기술되어 있다. 봉산과 관련된 내용을 소개하면 다음과 같다.

"40세인 경자庚子년(1900). (중략) 총섭의 인수印綬를 차고 소임을 맡으면서 각종 관역官役의 폐해弊害를 혁파革罷하고 향탄봉산香炭封山을 칙령勅令으로 제정制定케 하였다.

조선시대에는 성리학을 통치이념으로 삼으니 유교자류儒教者流임을 자처하는 부유배腐儒輩들의 뇌리에는 늘 척불훼석斥佛毀釋의 용렬한 정신이 들어있어 승려들의 인권을 유린하고 불교를 탄압하며 사탑寺塔이나 불상佛像을 훼파毀破할 뿐만 아니라, 절 땅에 명당明堂을 찾아 분묘墳墓를 쓰기 위해 폐사廢寺를 시키기도 하였으며, 관청官廳에서는 진상進上이나 관용官用을 청탁하면서 주구誅求를 자행하였다. 그러다 사원의 재산이 다하거나 성력誠力이 다하게 될 때에 승도들이 사원과 불탑 등을 빈 골짜기에 남겨두고 다른 절로 가거나 환속還俗하는 그런 참상慘狀이 곳곳에 이루어졌다. 특히 숙종 이후부터 200여 년 동안에 심하다가 갑오경장甲午更張(1894) 이후부터는 조금씩 덜해졌다.

그런 역사 속에 송광사에서는 관청이나 부패한 세도가들과 못된 유생들의 횡포로부터 사운寺運을 유지하기 위해 순조純祖 29년(1829)에 혜준惠俊대사의 알선으로 본산本山을 율목봉산栗木封山으로 칙정勅定하게 되었다. 율목봉산은 종묘나 왕릉에 모시는 위패位牌를 만드는 밤나무를 보호하기 위해서 칙령으로 그 경계 안에 일반인들의 난행亂行을 금하고 출입을 통제하는 것이었다. 그리하여 관청이나 유생들의 주구나 횡포를 조금이나마 벗어날 수 있었다.

금명 스님이 광무光武 3년(1899) 해인사에서 인출한 대장경을 본사에 봉안할 때에 별검別檢 김영택金永澤이 말하기를 '이제 율목봉산도 칙정된 지가 70년이 지나 그 위광威光이 실추되었으니, 송광사를 홍릉(洪陵, 명성황후의 능. 그때는 청량리에 있었음)에 부속시켜 거기에 쓰일 숯을 공급하는 향탄봉산香炭封山으로 주선함이 어떤가?' 하므로, 산중의 율암栗庵 취암翠巖 등 대덕들과 노력하여 송광사 일대가 향탄봉산으로 칙정勅定되게 하였다. 이 봉산을 보호하기 위해서 이 경계 안에서 지켜야 할 금폐禁弊의 절목節目이 14조條나 제정되었다. 당시 순천 관아官衙의 통인通引들이 사원을 괴롭히는 작폐作弊가 극심하였는데, 이 금폐 절목을 적용하여 이를 중앙에 보고하여 이들을 서울로 잡아가 경무청警務廳에서 엄형으로 다스리게 하였다. 그리고 칙지勅旨를 받아 그 절목들을 간판에 적어 널리 보게 하니, 그 이후로 관청에서 부과하던 갖가지 잡역雜役을 없애고 사원의 승려들이 조금이나마 안심하게 되었다."

일제강점기

송광사는 앞서 살펴보았듯이, 통감부 시절(1908)에 제정된 삼림법에 따라 사찰 소유 산림의 대부분을 지적地籍 신고(1909)하여 소유권을 확보하였다. 그 덕분에 송광사는 일제강점기 초기부터 산림벌채를 시작할 수 있었다. 송광사는 1918년 3월 28일자로 국사전 수리용 소나무 63그루의 벌채 신청을 조선총독부에 제출하고, 총독부는 4월 13일자로 벌채를 허가하였음이 사고에는 기록되어 있다. 본격적인 산림벌채는 1923년부터 4년 동안 제6차 중창 사업에 필요한 소나무 82,000그루를 벌채할 때였다.

시업안 작성 배경

조선총독부가 사찰숲 벌채 이용에 대한 통제 정책의 일환으로 각 사찰에 소유하고 있는 산림의 시업안 작성을 의무화했다. 그에 따라 송광사는 전라남도 산업과 산업기수 경전경덕慶田景德의 도움을 받아 1927년 산림측량과 산림조사를 실시하여 시업안을 작성하였다. 그러나 그 당시 송광사와 행정리 주민들 사이에 행정리 산림에 대한 소유권 분쟁이 진행 중이어서, 행정리 이외의 지역에 대한 산림 조사를 완료하여 시업안 인가를 받았다. 소유권 분쟁의 대상이었던 행정리 산림이 송광사 소유로 최종 판정됨에 따라 송광사는 2년 후에 행정리 산림에 대한 측량을 마저 마친 후, 1929년에 시업안을 재작성하여 1930년 시업안에 대한 인가를 받게 되었다. 그 과정을 정리하면 다음과 같다.

1908년 삼림법(통감부) 제정
1909년 송광사 산림 지적 신고
1918년 국사전 수리용 소나무 63그루 벌채 인가
1923년 제6중창용 소나무 82,000그루 벌채 인가
1927년 송광사 시업안 작성 및 인가
1929년 송광사 시업안 행정리 측량 완료
1930년 송광사 시업 요령 인가

1931년 송광사 행정리 11정보 산림 벌채 허가

1936년 송광사 신흥리 12임반 8정보 산림벌채 허가

1937년 송광사 신흥리 제12, 13임반 등 50정보 산림벌채
허가

1943년 송광사 신흥리 제8, 9임반 33정보 산림벌채 허가

산림 시업안은 조선총독부가 시행한 식민지 산림정책의 부
산물이다. 조선총독부의 삼림령(1911)에는 국유림을 대상으로
벌채할 경우, 먼저 산림조사와 벌목 계획을 수립한 후 벌채하
도록 유도했다. 그 후, 보다 자세한 시업안 편성규정(1919)을 제
정하여 국유림과 마찬가지로 사찰숲도 시업안을 편성하도록
유도하였다. 사찰은 가람 중축이나 재정에 필요한 현금을 확
보하기 위해서 산림벌채를 지속할 수밖에 없었기에, 총독부가
요구하는 10년간의 산림 경영계획서(시업안)를 편성하여 총독
부에 제출하고, 승인을 받아야만 했다.

일제강점기 초기(1915년부터 1920년대 중반까지)에 사찰이 제출
한 사찰림 벌채허가원에는 시업안에 대한 언급이 없다. 다시
말하면 1920년대 중반까지는 산림 경영 계획 없이 베어 쓰는
것만 급급했던 시기였고, 사찰까지 시업안 편성을 강제하지
못했다.

사찰의 시업안 편성 시기는 사찰림의 벌채가 빈번해진

1920년대 후반이라고 볼 수 있다. 이렇게 추정하는 이유는 1920년대 후반부터 대부분 사찰의 벌채허가원에는 정부에서 인가한 시업안에 따라 벌채 계획을 수립하였다고 밝히고 있기 때문이다. 송광사와 선암사(1927), 백양사(1928), 통도사(1930), 보현사(1936)의 시업안을 참고하면, 1920년대 후반부터 시업안 편성이 사찰숲에도 적용되었음을 확인할 수 있다.

송광사 시업안

송광사의 시업안은 전라남도 산업기수 경전경덕의 도움을 받아 작성하였다. 1927년 인가를 받은 시업안은 모두 5장으로 구성되어 있는데, 그 내용은 1장 총론, 2장 시업관계, 3장 삼림 구획과 측량, 4장 삼림조사, 5장 장래의 시업방침 등이다. 1장 총론은 지황(지세, 기후), 임황(수종 구성과 임형), 2장 시업관계는 산림관리와 보호, 산림경제(지역주민의 상태, 산림노동자의 임금과 기능, 교통운반, 임산물 수급 및 수지 관계), 3장 산림 구획과 측량은 사업구역, 임반, 소반, 4장 삼림조사는 지황조사, 숲의 현황(수종 및 혼효정도, 소밀도, 임형, 재적), 장래 시업전망, 5장 장래의 시업방침은 작업종 결정, 수종 결정, 윤벌기, 시업기 편입, 벌채 순서 및 벌채량 확정, 산림조성(조림법, 조림비 산정), 시설계획, 장래 수입 지출 전망, 실행 의견, 시업안 편성 공정 등으로 구성되어 있다.

송광사 시업안을 통해서 그 당시 사찰숲에 대한 몇 가지 중요한 정보를 얻을 수 있다.

첫째, 송광사 숲의 현황을 파악할 수 있다. 송광사 사유림의 최종 사업구역(2차 시업안)의 면적은 1,560정보이고, 그 산림면적의 측량도면을 임반과 소반으로 나누어 표시하고 있다.

시업안에는 먼저 사찰을 중심으로 산등선 안쪽을 내산으로, 산등선 바깥쪽을 외산으로 분류하고 있다. 그 당시 내산구역과 외산구역의 산림면적은 개략 780여 정보로 내산구역과 외산구역의 면적은 1:1의 비율로 구성되어 있다.

숲의 현황으로 침엽수와 활엽수의 비율이 약 6:4로 침엽수

송광사 사찰숲의 임반과 소반이 구획된 1927년 시업안의 기본도

인 소나무로 구성된 임상이 활엽수 황폐지에 점차 침입하고 있는 상황을 서술하고 있다. 활엽수의 쇠퇴와 함께 전체 산림 중, 나무들이 서 있지 않는 벌거숭이 임야(未立木地) 면적이 약 10%에 달한다고 기술하고 있다. 산감 3명을 두어 산림 보호 감독 업무를 수행하지만, 외산지역의 약탈적 산림이용을 막을 수 없다고 보고하고 있다. 그 결과 임지의 지력저하로 활엽수 림은 쇠퇴하고 소나무가 그 자리를 차츰 차지하게 되었고, 장 안리 구역의 임지는 반 이상 나무가 없거나 싸리와 같은 관목 류가 무성하다고 밝히고 있다.

둘째, 송광사 숲의 이용형태를 파악할 수 있다.

시업안에는 작성 당시의 산림이용 형태를 자세히 기술하고 있다. 경작지 면적이 좁은 장안리, 이읍리, 봉산리, 산척리 주 민들은 빈한한 생활여건 때문에 송광사 외산 지역의 산림에 의존할 수밖에 없다고 밝히고 있다. 외산 지역의 주민들은 송 광사 임지에서 장구한 세월동안 땔감과 꼴을 채취하거나 화전 경작으로 숲을 난벌했음을 확인할 수 있다.

산림의 약탈적 이용관행에 따라 애림사상은 부족하고, 오랫 동안 지속된 산림 남벌로 주민의 산림 이용 빈도가 높은 외산 지역은 척박해졌고, 활엽수가 자랄 수 없는 척박한 임지에 소 나무만이 점차 생육 영역을 확장하게 되었다고 기술하고 있다.

셋째 송광사 숲에서 생산된 임산물의 시장성을 파악할 수

송광사 산림부의 강역도 상에 나타난 내산(신평구)과 외산(신흥구, 행정구, 장안구, 이읍구, 봉산구) 지역. (송광사 성보박물관 제공)

있다.

시업안은 그 당시 송광사 산림에서 생산된 목재의 시장 및 유통과정을 정리하고 있다. 용재가 상품화된 경우는 드물고, 일반 가정용 건축용재와 관재棺材만이 유통되기 때문에 목재 시장의 형성도 기대할 수 없는 형편이라고 밝히고 있다. 송광사 인근 주민들은 땔감을 외산에서 자체 조달하기 때문에 목탄과 나뭇짐을 구입하는 사례도 없었던 셈이다. 광주와 순천의 목재 시장가격을 고려할 때, 산지 현장에서의 소나무 용재가격은 1척체 1원70전, 활엽수 제탄 자재는 1척체에 1원으로 산정하고 있다.

송광사의 1927년도 시업안을 좀 더 자세히 살펴보면 다음과 같다.

제1장 총론

제1절 지황
1. 지세: 사찰 산림은 조계산 서쪽 해발 150m에서 810m에 형성되어 있으며, 면적은 1,404정보이다. 내산과 외산으로 나눌 수 있고, 내산은 산등성이로 둘러싸인 분지 형태로 북서쪽 모퉁이만 열려있고, 외산은 산등성이의 바깥쪽으로 동쪽은 선

암사 사유림寺有林과 경계, 다른 방향은 모두 민간 소유 임야와 인접하고 있다. 기반 암석은 화강편마암이다.

2. 기후: 온대 남부 기후로 온난하고, 7월과 8월의 평균온도는 섭씨 30.5도, 1월과 2월의 평균온도는 영하 3도. 6월과 7월에 강우량이 많고, 1월과 2월에 강우량이 가장 적다.

제2절 임황

1. 수종 및 숲의 성립: 대표 활엽수종은 졸참나무, 떡갈나무, 백양나무, 단풍나무, 층층나무, 참피나무 등이고, 침엽수는 주로 소나무이다. 원래는 활엽수림으로 구성되었지만, 난벌로 인해 소나무 숲이 절반 이상을 차지한다. 벌채 작업은 1923년도부터 이미 시행되었고, 특히 이읍리 구역 이외의 외산에서 산불과 난벌이 진행되어 활엽수 임지는 침엽수로 대체되었다. 장안리 구역의 피해가 특히 심하다.

2. 숲의 모습: 전체 1,404정보 중, 나무들이 없는 임지(無立木地)가 140정보(10%), 드문드문 나무들이 있는 산생지散生地가 61정보(4%), 나무들이 서 있는 입목지立木地가 1,202정보(86%)이다. 침엽수 621정보(49%), 활엽수 299정보(24%), 침활혼효림 343정보(27%)로 구성되어 있다. 평균 수령은 25년이며, 혼효림의 재적은 70척체(22.7㎥) 이상이다.

제2장 시업관계

제1절 산림관리 및 보호

보조국사가 고려 명종 27년(1197)에 창건하였으며, 70여동의 건물이 활엽수 대경재로 축조되었음에 비추어 볼 때, 옛날 활엽수들이 무성하였을 것으로 추정한다. 조선시대 억불정책으로 주민들이 숲을 훼손하고, 사찰 소유 임야의 일부도 잃었다. 사찰에서 3명의 산림감독으로 순산하고, 보호에 임하고 있다.

제2절 산림경제에 관한 일

1. 지역민과 산림과의 관계: 송광면에 1,641호가 거주하며, 1호당 평균 5인 가족이고, 대부분 농업이 생업이다. 주민 대부분이 소면적의 경작지를 소유하여 생계가 곤란하며, 생활의 기반을 임야에서 주로 구한다. 애림사상 부족과 남벌로 인해, 숲이 황폐해졌기 때문에 지역 주민들을 산림작업에 참여시켜 생계에 도움이 되게 노력할 필요가 있다.

2. 산림노동자 임금과 기능: 송광면 총 인구 9,200명으로 90% 농업에 종사하기에 산림 작업 노동력을 구하는 데 문제가 없다. 이미 1923년부터 벌목, 목재운반, 제탄 작업에 참여해서 숙련된 사람들이 많고, 농업 품삯은 56전인데 산림노동자

는 60전에서 90전이다.

3. 교통운반: 송광사에서 낙수리까지 수레와 말로 운송가능하다. 낙수리에서 보성까지 강을 이용하여 뗏목으로 운송가능하다. 임내 각 소반으로 이르는 운반로가 개설되어 있다.

4. 임산물 수급관계, 가격 등: 용재 수급은 거의 없고, 일반 가정용 건축용재와 관재 수요뿐이기에 목재시장은 거의 형성되지 못한 실정이다. 목탄과 나뭇짐의 구입도 없다. 대량벌채의 경우, 목재판매처는 순천읍내나 광주 시장을 선택해야 한다. 광주의 시장가격은 소나무 원목 1척체 10원, 각재 14원, 활엽수는 수종에 따라 차이가 크다. 목탄木炭 1관의 가격은 21-22전이다. 순천의 경우, 소나무 원목 1척체 8원, 각재 12원, 목탄 1관 17-18전이다.

첫 시업기에 벌채한 소나무와 활엽수 특대재는 용재로, 그 외는 제탄재료로 사용한다. 광주와 순천의 시장가격을 고려할 때, 산지 현장에서의 가격은 침엽수 용재 1척체 1원70전, 활엽수 제탄 자재는 1척체에 1원이 적당하다.

10년 수지 계획에 의하면 6년 동안은 산감 및 기타 급료가 땔감채취로 얻는 수입액보다 더 많아서 적자이고, 7년째부터 10년째까지 4년 동안 소나무 용재와 잡목제탄의 매각대금으로 수익을 얻어 총 수입은 1,5267원에 달할 것으로 예상하고 있다.

제3장 산림 구획과 측량

제1절 사업구역

사찰소유 임야로 합리적 경영이 필요하다.

제2절 임반

소면적으로 구분하며, 산줄기나 계곡의 자연지형을 이용하여 구획한다. 인접한 각 임반에 차례로 번호를 기입한다, 임반 번호는 운반경로를 고려하여 계곡입구에서 시작하여 동남쪽으로 이어지고, 총 16개로 구성한다. 최대 임반은 9임반의 159정, 최소 임반은 4임반의 37정, 평균 면적은 87정이다. 6,000분의 1도면을 이용하여 임반 경계의 실측으로 면적을 합산하여 산정한다.

제3절 소반

사찰존엄 풍치를 고려하여 사찰 주변은 시업 제한지의 금벌림으로 보전한다. 총 59개의 소반으로 평균면적은 23정이다.

제4장 산림조사

제1절 지황조사: 방위, 토양, 토심, 결합도, 습도, 지위 등을

조사한다.

제2절 임황조사: 수종과 혼효비율, 소밀도, 임상, 재적 등을 조사한다.

제3절 장래 시업 전망조사

제5장 장래 시업방침

제1절 작업종 결정

수종과 경제성만 고려하여 침활혼효림에서는 개벌작업, 활엽수는 왜림작업을 실시한다. 사찰의 풍치존엄을 보호하기 위해 사찰 주변의 산림은 장벌기를 채택하여 사찰의 개축에 필요한 대경재 생산을 도모한다.

제2절 수종 결정

향토수종인 소나무, 졸참나무, 떡갈나무, 백양목, 단풍나무류, 상수리나무, 밤나무 등을 조림 수종으로 채택하고, 소나무림은 자생 치수를 무육하거나, 소나무와 곰솔을 보완식재하여 침엽수림으로 조성한다. 침활혼효림은 활엽수 맹아와 어린 소나무를 육성하며, 활엽수림은 맹아로 갱신한다. 사찰 입구의 1임반, 2임반의 침엽수가 드문드문 자라는 헐벗은 곳은 물오리나무, 사방오리나무를 심어 침활혼효림으로 유도한다.

제3절 윤벌기 결정

광주 및 순천의 목재시장 상황을 고려하여 소나무는 윤벌기 40년, 제탄 자재용 활엽수는 윤벌기 15년이 적당하다. 풍치존 엄상 보존해야 할 사찰 주변의 숲은 윤벌기 80년의 대경목 생산을 꾀한다.

제4절 시업기 편입

개벌작업은 11임반의 1소반, 12임반의 1소반, 14임반의 101정보 8,594척체로 한다. 왜림작업은 12임반 2소반 13임반 2, 3소반 80정보 6,616척체로 한다.

산림조성은 1임반 1, 2소반, 2임반 1, 2소반의 40정보 소나무 소생지에 정보 당 800그루의 물오리나무와 사방오리나무를 식재한다. 제1시업 시기 교림의 개벌작업지에는 소나무와 곰솔 묘목을 정보 당 800그루 식재하며, 활엽수 맹아는 최대한 보호한다. 왜림작업지는 천연맹아 갱신을 유도한다.

제5절 벌채 순서 및 벌채량 확정

14임반 4소반부터 벌채하여 점차 12임반 1소반, 11임반 1소반 순으로 벌채한다. 제1시업기의 벌채량은 재적기준으로 벌채하고, 제2영급 이상의 윤벌기 40년으로 벌채한다.

1. 전벌교림작업: 침엽수는 매년 6,370척체, 활엽수는 매년

210척체 벌채한다.

　2. 왜림작업: 활엽수는 5,830척체, 침엽수는 벌채 없이 보호한다.

　제6절 산림조성

　1. 조성방법: 천연갱신 가능지는 천연으로 조성하고, 그 외는 인공조림한다. 사찰 입구의 1임반 1, 2소반은 수령 20년생 소나무가 산생하고 지표가 노출되어 있으므로 물오리나무와 사방오리나무를 정보 당 800그루 식재한다. 11임반 1소반, 12임반 1소반, 14임반 4소반의 벌채지는 벌채 이듬해에 정보당 800그루의 소나무와 곰솔을 심는다. 나무는 3월 상순에서 중순까지 심고, 인부는 경험 있는 지역주민을 고용하여 1평당 1그루씩 심는다. 묘목은 순천군 산림조합에서 구입한다. 조림지 정지 작업은 조림 전년도에 실시하고, 풀베기 작업은 8월경 실시한다.

　2. 조림비산정: 매년 식재할 묘목구입비, 인부 임금, 운송비, 잡비, 보식에 소요되는 경비를 산정하여 해마다 나누어 일람표를 작성한다.

　제7절 시업상 필요한 시설계획

　임업기술자를 배치해야하지만 경제상 곤란하다. 사찰의 산

감이 임업기술을 익히게 하여 임야 보호 및 관리에 임하게 하
며, 군과 도의 지도를 받는다. 운반로가 이미 설치되어 있고,
산감의 순시로는 사방에 이미 존재한다. 송광사에서 낙수리까
지 도로개설은 필요하다. 사업구의 15임반, 16임반은 사찰의
외산에 있기에 산불 피해를 해마다 입고 있다. 외산과 내산의
경계 산줄기에 방화선을 설치할 필요가 있다.

제8절 장래 수입과 지출 전망

연간 벌채량은 침엽수 543척체, 활엽수 890척체, 산지가격
침엽수 1원70전, 활엽수 1원으로 그 수입은 1819원10전이다.
지출은 조림비, 보호관리비(임무 1인 산감 2인, 탄감 1인 수당 518원),
산림조합비 매년 227원 10전이 예상된다.

제9절 시업안 실행에 대한 의견

숲 조성시 군의 산림조합 기술원의 도움을 받는다. 묘목 식
재시 주의하고, 자생하는 어린나무는 적극 보호하여 인공조
림 면적을 줄인다. 벌채시 매수 희망자를 널리 모집하여 최대
한 수익을 얻도록 한다. 경계가 불분명한 분쟁지역은 경계를
명료하게 하기 위해 사(寺)자를 새긴 석표를 묻는다. 지역민의
땔감채취 구역을 한정하고, 벌채 예정지와 조림지에 지역민의
출입을 금한다. 벌채시 매수자가 난벌하는 경향이 있기 때문

에 관리 감독을 철저히 한다.

제10절 시업안 편성 공정
산림조사 10일 측량 10일, 내업 40일, 출장 8일, 합계 68일
소요

소화 2년(1927) 6월 조사원 산업기수 경전경덕

벌채 및 조림

1) 허가 절차

사찰 소유 산림의 벌채는 사찰령에 의해 허가 절차가 필요
했다. 먼저 해당사찰은 시업안에 따라 '사찰재산처분허가원'
을 소재지 도지사에게 제출하고, 소재지 도에서는 담당과장(임
정과장)이 '사찰재산처분허가원'의 적정성에 대한 검토 과정을
거친 후, '산림벌채원 조서'를 작성하였다. 소재지 도에서 작성
한 산림벌채원 조서에 사찰재산 처분 허가원을 첨부하여 총독
부에 벌채허가원을 제출하면, 총독부에서는 검토 후, 관보에
해당 사찰의 '사유림벌채허가원'을 공지하는 한편, 사유림벌
채허가원 통첩안을 소재지 도에 하달하고, 도에서는 다시 해
당 사찰에 사유림벌채허가원을 통보함으로 인가 절차를 완료
하였다.(다음 그림 참조)

벌채허가서에는 상세한 벌채내역(작업종, 수종, 윤벌기, 벌채 순서와 벌채량)과 신규 산림조성 방법(식재본수와 식재방법, 보육작업, 필요예산)을 제시하고 있다.

2) 벌채 목적

일제강점기 사찰이 소유하고 있는 산림을 벌채하는 이유는

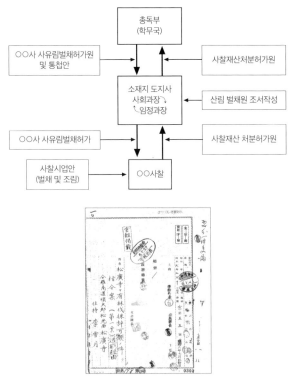

사찰의 벌채허가 취득 과정(위)과 조선총독부의 벌채허가서(아래)

1) 사찰 재정으로 활용, 2) 가람의 중건과 수리 비용, 3) 교부금 납입, 4) 교육 및 기타 필요경비 충당 등을 위해서 현금이 필요한 경우였다. 송광사 역시 국사전 수리용 목재(1918), 제6중창용 목재 및 기와갈이(1923), 진남루 축조 경비 조달(1931), 포교비 및 교육비 충당(1943)의 목적으로 사찰숲을 벌채했다. 각 년도 별 벌채 면적과 벌채량 및 벌채방법, 벌채목적은 다음 표로 확인할 수 있다.

3) 벌채 내역

송광사는 시업안 작성 이전인 1918년 3월 28일 국사전 수리용 소나무 벌채 인가를 얻어 소나무 63그루를 벌채했으며, 1923년 5월 제6중창용 소나무 82,000그루 벌채 인가를 얻어 인구치 40정보, 신평치 60정보, 신흥치 20정보에서 대대적으로 벌채했다. 이 당시 벌채 허가를 갱신하여 제탄용 활엽수도 벌채하여 백탄 36,002짐(負)을 생산하였다고 밝히고 있다.

시업안이 작성된 이후의 4차례 벌채는 1931년, 1936년, 1937년, 1943년에 진행되었다. 벌채허가서에 나와 있는 4번의 벌채는 내산과 외산에서 각각 2번씩 진행되었다. 내산 벌채 2회는 1936년 12임반(피아골)의 8정보, 1937년 12임반(피아골)의 18정보와 13임반(굴목이골)의 32정보 등에서 이루어졌다.

송광사의 연도별 산림벌채 및 조림 내역

연도	면적	벌채량	벌채 및 조림방법	벌채 목적
1918		소나무 63그루 벌채		국사전 수리용 소나무 벌채
1923	인구치 40정보 신평치 60정보 신흥치 20정보	소나무 82,000 그루 및 제탄용 활엽수 벌채로 백탄 36,002짐 생산	개벌	제6중창용 가람축조 및 기와 생산용 연료
1931	행정리 3임반 11정보	30년생 잡목 800척체	개벌, 활엽수 맹아갱신	진남루 축조경비 조달
1936	12임반 8정보	15년생 소나무 20%, 활엽수 잡목 80% 1,000척체 제탄용 목재	개벌, 활엽수 천연갱신	시업안에 의거, 사찰 직영 제탄용 조제 수입 확보
1937	12임반 18정보 13임반 32정보	12임반 참나무 45년생, 13임반 32정보 45년생 참나무, 제탄자재 활엽수 5,000척체 벌채	개벌 활엽수 천연림 치수 갱신	시업안에 의거, 제탄자재 확보로 임야관리 및 삼나무 편백 조림비 및 건물 수리관리비
1943	8임반 15정보 9임반 17정보	38년생 참나무 2,526척체, 30년생 참나무 1,370척체, 30년생 참나무 2,376척체, 총 6,272 척체 벌채	왜림작업, 택벌 및 보육작업, 편백 조림	시업안에 의거, 제탄 자재 확보를 통한 임야 관리, 조림비, 포교비, 교육비

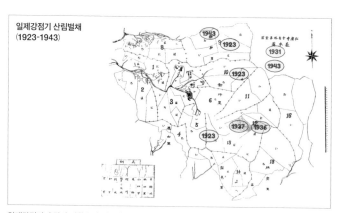

일제강점기 송광사 사찰숲의 연도별 산림 벌채지 위치

외산 벌채는 1931년 행정리 162번지 11정보, 1943년 8임반 (망수봉 바깥쪽 절터 사대동) 15정보, 9임반(시루봉과 장막동 산) 일대 17정보에서 이루어졌다.

조선총독부가 인가한 송광사의 각 연도별 벌채허가원의 구체적 내용을 살펴보자.

가. 1931년 벌채허가원

전체 임황은 소나무 및 참나무류 혼효림으로, 산록부에 소나무 순림, 연산봉 주변에는 활엽수 잡목림으로 구성되어 있다. 소나무림의 수령은 10~20년생, 잡목은 30년생이며, 소나

송광사의 1942년 산지 묘포장(송광사 성보박물관 제공)

무 숲의 축적은 35척체, 잡목림은 70척체 정도이다.

벌채 대상지는 행정리 산 162번지의 156정보 중 11정보를 개별작업으로 벌채하며, 벌채량은 30년생 잡목 800척체이다. 벌채 수익금 1,419원은 송광사 진남루鎭南樓(건평 30평) 축조 경비로 사용할 계획이다.

나. 1936년 벌채허가원

전체 임황은 참나무류, 소나무 천연 성림지로 구성되어 있고, 구조적으로 미림이다.

신평리 12임반 26정보 중, 8정보에 대하여 개별작업을 실시할 계획으로, 15년생 소나무 20%, 활엽수 잡목 80%를

송광사의 편백 조림 작업(송광사 성보박물관 제공)

1,000척체의 제탄용 목재로 벌채한다. 1927년도 인가된 시업
안에 따라 벌채를 실시한 후, 벌채지에 정보 당 편백 4,000본
을 1934년과 1935년에 심는다.

다. 1937년 벌채허가원
전체 임황은 1천 정보의 산림에서 15~30년생 소나무가 정
보 당 2,000본씩 자라고 있으며, 그밖에 나머지 임지에 활엽수
치수들이 자라고 있다. 15년생에서 38년생 활엽수들이 정보
당 약 2,000본씩 자라고 있다. 다양한 종류의 활엽수가 생육
하고 있으며, 나무들이 없는 미입목지도 있다.
12임반 18정보 참나무 45년생, 13임반 32정보 참나무 45년
생의 활엽수 개벌작업으로 5,000척체의 제탄자재를 벌채한
다. 벌채지에 남아 있는 소나무는 존치해 둔다. 벌채지에는 삼
나무와 편백을 심는다. 시업안에 의해 벌채 원목대금 2,000원,
제탄 수익 2,500원 합계 4,500원을 예상한다. 조림 및 임야관
리비 지출내역도 기재되어 있다.

라. 1943년 벌채허가원
전체 임황은 미입목지 20정보, 소나무림 750정보, 활엽수림
630정보, 침활혼효림 172정보이며, 소나무의 임령은 18~40
년생이다. 소나무 천연림의 정보당 밀도는 약 1,800여 본이

자라고 있다. 활엽수의 임령은 10-35년생이다. 8임반 38-30 년생 참나무 15정보의 축적은 2,526척체와 1,370척체이며, 9 임반 17정보 30년생 참나무류의 축적은 2,376척체이다. 총 6,272척체를 벌채하며, 왜림작업으로 제탄작업용 원목을 벌 채한 후 편백을 심는다. 원목 및 제탄수입으로 각각 5,052원, 8,083원을 확보하고, 기타 조림비, 포교비, 교육비 등에 벌채 수익금을 사용한다.

광복 전후(1943~1948)

송광사 금전출납부

광복 전후의 극심한 혼란기에 사찰숲과 관련된 기록을 찾기 란 쉽지 않다. 〈산림부〉를 남긴 송광사의 기록 정신을 생각할 때, 산림과 관련된 다양한 기록이 존재할 것인데 전쟁 통에 모 두 사라졌는지 현재는 찾기 힘들다. 그런 와중에 최근(2019년 4월)에 수중에 들어온 송광사의 광복 전후 6년간의 〈금전출납 부〉는 목마른 중생에게 내린 감로수와 다르지 않는 귀한 자료 이다.

이 출납부는 1943년 1월 1일에서 1948년 12월 31일까지 송광사에서 이루어진 매일의 금전 출납내역을 담고 있다. 매

송광사의 제탄작업 (송광사 성보박물관 제공)

일제강점기 송광사의 목탄 운송 (송광사 성보박물관 제공)

월 말일에는 계원, 감사, 법무, 감무 소임을 맡던 스님과 주지 스님의 공람 절차를 받았을 만큼 송광사의 수입과 지출 내역을 꼼꼼하게 기록했다. 그만큼 사원경제의 핵심 내용이 담긴 것이다. 장부에 날인된 매월 말의 인장을 참고하면 송광사의 주지는 기산석진綺山錫珍(1943~1945.10), 해은재선海隱裁善(1945.11~1947.12), 취봉창섭翠峰昌燮(1948~)스님으로 바뀐다.

금전출납부에 나타난 산림 수익

지금부터 35년 전 행자 소임을 맡은 고경 스님이 불쏘시개로 사라질 뻔했던 이 출납부의 가치를 인식하고 지켜낸 덕분에 광복 전후의 혼란기에 있었던 송광사 사중 경제 활동은 물론이고 산림 활동까지도 엿볼 수 있게 되었다. 출납부는 오늘날의 기장양식과 다르지 않게 연월일, 적요, 수입금액, 지불금액, 차인잔고의 칸으로 구획되어 있다. 이 장부에 의하면, 1943년에서 1948년까지 6년간의 송광사 사중 경제의 주 수입원(57%)은 사찰숲에서 생산된 임산물 판매로 얻었다. 시기에 따라서 전체 수입에 차지하는 임산물 판매 수입액의 비율이 38.9%에서 75.8%로 차이가 난다. 비율이 높은 해는 사원전 임대료가 당해 연도를 넘어 다음해에 입금되었기 때문에 전체 수입에서 차지하는 임산물 수입액의 비중이 상대적으로 높다. 반대로 지난해의 임대료와 당해 연도의 임대료가 함께 수입으로 잡힌 해는 임산물 수입액의 비중이 낮아지는 것이다. 그러한 정황을 감안하면 광복 전후 송광사의 주 수입원은 송광사 사찰숲에서 창출되었다고 할 수 있다.

송광사의 매년 수입액은 광복 후에 급격하게 늘어나는데, 1944년보다 1946년은 12배, 1947년은 17.5배, 1948년은 43배나 증가한다. 매년 수입액의 급격한 증가는 광복 후에 발생한 극심한 인플레이션으로 인한 것이다. 극심한 인플레이션 상황에서도 임산물 수입액의 비중은 38.9%와 57.4%로 예년과 크게 다르지 않게 나타난다. 1943년과 1944년에 거래된 비자 열매 1되의 가격이 1원인 데 비해 1948년에는 35원에 거래된 것을 감안하면 인플레이션의 정도를 임산물의 거래가격으로도 파악할 수 있는 셈이다.

광복 전후(1943~1948) 송광사의 총수입액과 임산물 수입액

연도	총 수입액	임산물 수입액	임산물 수입액 비중(%)
1943	37,529.45	28,446.77	75.8
1944	46,325.09	24,304.82	52.5
1945	70,408.01	50,006.50	71.0
1946	551,392.82	256,676.76	46.6
1947	809,017.02	314,550.00	38.9
1948	1,993,317.06	1,143,816.70	57.4
평균			57.0

1) 금전출납부에 나타난 임산물 내역

이 기간 금전출납부에 기록된 임산물 거래 내역은 목탄, 소나무와 참나무 목재, 죽물(청죽靑竹 등), 표고버섯, 비자榧子, 느티나무 고재古材, 임산부산물, 산불로 탄 화목火木 등으로 다양하다. 임산물 중 수입액이 가장 많은 품목은 목탄(73.6%)이고, 다음이 소나무 벌채목(17.4%)이다. 이들 두 품목이 임산물 수입액의 대부분(91%)을 차지한다. 가장 수입을 많이 얻은 와사용 목탄瓦斯用木炭은 목탄 가스용 원료로 생산된 숯인데, 앞 장에 수록된 목탄 반출 사진이 그 사실을 증언하고 있다. 목탄과 소나무를 제외한 나머지 품목은 대부분 소량으로 거래되었기에 수입액 역시 많지 않았다.

광복 전후(1943~1948) 송광사의 임산물 수입액 현황

연도	임산물 수입액	목탄 판매액 (비율)	소나무재 판매액(비율)
1943	28,446.77	22,465.74(79.0%)	5,125.00(18.0%)
1944	24,304.82	18,437.50(75.9%)	5,373.00(22.1%)
1945	50,006.50	38,602.50(77.2%)	11,192.00(22.4%)
1946	256,676.76	232,826.66(90.7%)	6,995.60(2.7%)
1947	314,550.00	282,000.00(89.7%)	22,000.00(7.0%)
1948	1,143,816.70	332,000.00(29.0%)	365,167.60(31.9%)
평균		(73.6%)	(17.4%)

1948년의 경우, 소나무 벌채목으로 얻은 수익이 목탄 판매

액을 추월하는데 일시적인 현상인지 또는 이런 추세가 계속 지속되었는지는 확인할 수 없다. 미루어 짐작컨대 사회적 혼란기에 무분별한 벌채가 성행하였기 때문일 것이다.

2) 금전출납부에 나타난 산림 관련 활동

금전출납부에는 송광사에서 급료를 지급한 내역이 기록되어 있다. 매월 급료를 지급하던 인원으로는 감무監務 6인, 임무林務 4~5인, 강사 2인, 포교사 1인, 지빈객知賓客(절에 오는 손님을 안내하는 승려) 1인, 급사와 소사 2인이었으며, 산림과 관련된 업무를 보던 임무의 숫자가 사원을 책임진 감무 다음으로 많음을 확인할 수 있다. 1944년 임무에게 지급된 급료는 강사(월 27엔 50전)와 포교사(월 25원) 다음으로 감무와 같은 19엔 50전이었다. 매월 활동한 임무의 숫자와 급료를 감안하면 송광사의 운영에 산림이 얼마나 막중한 역할을 하였는지 짐작할 수 있다.

출납부에는 목탄 생산과 검사를 위해 외지의 출장 내역까지 기록되어 있다. 이러한 내용으로 임무의 활동 영역은 사찰 숲 관리는 물론이고 사중 수입의 큰 부분을 차지하는 목탄 생산과 관련된 다양한 활동에까지 이루어졌을 것으로 추정할 수 있다.

1960년대

송광사 종무일기

《송광사 종무일기》는 인암忍庵 스님이 1962년 송광사의 종무宗務직을 수행하면서 쓴 일기이다. 이 일기는 검은 색 표지의 '재건 일기장'에 1일 1쪽씩 송광사의 종무에 관련된 내용을 기록하고 있다. 송광사 성보박물관장 고경古鏡 스님이 1999년 4월 종무소의 서고를 정리할 때 이 일기를 발견하였고, 일기장의 필적을 대조한 결과, 종무일기를 작성한 분은 그 당시 종무 일을 담당했던 인암 스님으로 추정하였다.

고경 스님은 이 종무일기의 내용을 한글 파일로 입력하고, 오·탈자에 대해 당일 기사 끝에 주를 다는 한편, 부록으로 '찾아보기'까지 만들어 송광사 성보박물관에 보관해 오다가 송광사 산림 역사를 연구하는 필자에게 참고자료로 이 일기장의 사본을 제공하였다. 이 일기는 1962년 1월 1일부터 12월 31일까지 일 년의 기록이지만, 실제 일기를 작성하지 못한 날들이 꽤 된다. 어떤 사정으로 일기를 작성하지 못했는지 확인할 수 없지만, 일기를 작성하지 못한 날은 4월은 17일, 5월은 한 달 전체, 6월은 8일, 7월은 3일, 8월은 6일, 9월은 20일, 10월은 19일, 11월은 12일간이나 된다. 일기를 작성한 날은 총 259일이고, 일기를 작성하지 못한 날은 106일간이다.

종무일기에 기록된 내용은 다양하다. 그날의 날씨는 기본이고, 송광사의 종무행정에 관한 주지 스님의 일정, 송광사를 방문한 관광객의 내방과 유숙, 경찰과 공무원의 내방, 승려의 출가와 환속, 가람의 수리 및 보수, 불상의 봉안, 산림 관리 및 이용에 관한 사항 등이 실려 있다. 또한 지금부터 50여 년 전인 1960년대의 송광사 산림이용 역사가 간략하게 기록되어 있다. 지금부터 80여 년 전인 1930년대 금명보정, 용은완섭, 기산석진 세 분 스님이 송광사에 보관 중이던 조선시대의 산림 관련 기록을 정리하여《조계산송광사사고》〈산림부〉를 펴낸 것과는 비견할 수 없지만, 인암 스님의 종무일기도 1960년대의 송광사 산림 이용 실태를 간접적으로 확인할 수 있는 귀중한 자료라 생각된다. 특히 사찰의 산림관련 기록을 쉬 찾을 수 없는 광복 이후의 혼란기 상황을 고려하면, 1962년도의 기록을 간과하지 않고 활자화하여 보관한 고경 스님의 선견지명에 감복할 따름이다.

종무일기에 나타난 산림 구역

종무일기에는 산림과 관련된 지역을 밝힐 경우, 신흥구, 접치구, 외송구, 신평구, 이읍구와 같이 구區를 사용하고 있다. 산림 지역의 단위를 구로 사용하는 사례는 일제강점기의 '송광사 강역도疆域圖'에서 찾을 수 있다.(161쪽 그림 참조) 산림부에 수록된 이 강역도에는 시업안의 산림기본도를 따라 내산지역을 신평구로, 외산지역을 신흥구, 행정구, 장안구, 봉산구, 이읍구로 각각 구분하고 있다.

종무일기를 통해서 1960년대에도 송광사의 스님들은 일제강점기에 사용하던 산림구역인 신흥구, 신평구, 이읍구 등의 명칭을 그대로 사용하였음을 확인할 수 있다. 그러나 종무일기에는 '송광사 강역도'에 표기되지 않은 외송구, 접치구 등의 지명에 구를 붙인 사례도 확인되었는데, 외송, 접치 등에 구를 붙인 이유는 일제강점기에 강역도 상의 구역 대신에 편의상 지역에 구를 붙인 것으로 추정된다.

종무일기에 나타난 산림 관련 업무

인암 스님이 1962년 종무일기를 작성한 259일 중, 산림과 관련된 사항을 기재한 일수는 46일이나 된다. 이 일수는 전체 일기를 기록한 일수의 약 5분의 1에 해당되는 것으로 사찰의 종무를 다룬 내용(불사, 관광객 내방, 숙식 제공 등, 출가 및 환속)과 비교할 때, 결코 무시 할 수 없다.

일기에 기록된 산림과 관련된 내용은 56건으로 집계되었다. 그 내역은 도벌이 17건, 매목조사 7건, 군 및 도 산림 공무원 면담 7건, 벌채 5건, 산감 4건, 벌채허가원 3건, 목탄 3건, 산불 3건, 제탄 2건, 삼나무 1건, 입산금지 1건, 임목매매계약 1건,

무덤 투장偸葬 1건, 시신柴薪(땔나무) 1건으로 나타났다.

송광사 종무일기의 산림관련 기록을 통해서 확인할 수 있는 내용은 다음과 같다.

첫째, 1962년 당시에도 산림의 관리와 이용이 송광사 종무의 중요한 업무의 하나였음을 확인할 수 있다.

둘째, 산림관련 전체 기록 중, 도벌과 관련된 내용이 3분 1에 해당되는 17건이나 기록된 이유는 임산연료에 의존했던 그 당시의 사회상을 반영하고, 일제강점기와 마찬가지로 1960년대까지도 송광사의 산림에 기대어 살고 있는 주민들이 많았음을 의미한다.

셋째, 송광사 역시 필요한 재원을 충당하기 위해 산림벌채를 지속적으로 하였음을 이 일기로 확인할 수 있다. 벌채 허가를 구하고자 주지스님의 군과 도와 서울 출장에 대한 기록이 수록되어 있으며, 벌채에 필요한 매목조사, 매매계약 등에 대한 언급이 다수 등장하기 때문이다.

넷째, 송광사는 1960년대에도 일제강점기와 마찬가지로 숯을 구워서 사용하거나 판매하였음을 알 수 있다.

다섯째, 송광사 대중들이 산림보호 및 관리에 적극적이었음을 확인할 수 있다. 종무일기에는 경내 산림에 몰래 무덤을 쓰거나 산불 진화를 위해 스님들이 출동한 기록이 수록되어 있다. 또한 산림의 관리와 보호를 담당했던 산감에 대한 기록도

4회나 등장하고 있어서, 산림에 의존할 수밖에 없었던 1960년 대의 사찰 경제에 기여하는 산림의 비중을 확인할 수 있다.

현재

송광사의 산림면적은 약 1,340여ha에 달한다. 1,000ha가 넘는 대면적 산림의 현황을 분석하는 데는 다수의 전문 인력과 장시간의 현장 조사 과정이 필요하다. 현장 조사는 숲을 구성하는 수목의 종류, 임분林分의 수령, 임분의 성장 정도, 단위 면적당 자라고 있는 임목의 축적, 표고, 임지비옥도, 경사, 방위 등에 대한 내용을 파악하기 위한 방편으로, 일반적으로 전체 산림면적에 골고루 분포하는 표본지를 먼저 선정하고, 각 표본지마다 이들 항목에 해당되는 사항을 현장에서 직접 조사하는 방법이다.

아쉽게도 시간적 제약과 예산상의 한계로 인해 송광사 전체 산림에 대한 필지별 임황林況과 지황地況 조사를 구체적으로 수행할 수 없었다. 송광사 전체 산림에 대한 세부적 사항을 조사할 수 없는 한계를 극복하기 위하여 산림청과 한국임업진흥원이 제공하고 있는 필지별 산림정보 서비스를 활용하여 송광사 산림에 대한 임황과 지황을 분석하였다.

산림청과 한국임업진흥원은 지난 수십 년 동안 전국 산림에 대한 항공측량과 현장조사를 병행하여 제작한 임상도林相圖와 산림입지토양도山林立地土壤圖에 기반을 둔 산림정보를 인터넷으로 제공하고 있다.

한국임업진흥원에서 제공하는 필지별 산림정보 서비스는 해당 산림에 대한 임황과 지황 정보를 구할 수 있다. 해당 필지에 대한 산림정보 서비스의 내용과 현장 답사의 상호 비교는 송광사 산림의 현 상황을 효과적으로 분석할 수 있는 한 대안이기에 이들 정보를 이용하는 한편, 한국임업진흥원에서 제공하고 있는 1:5,000 임상도도 참고하였다. 1:5,000 임상도는 1:25,000 임상도보다 더 정밀하여 영급, 경급, 소밀도 등의 정보와 함께 도면상에 표시된 임상을 43종의 수종樹種으로 구분하여 표시하기 때문에 훨씬 정밀한 필지별 특성을 확인할 수 있는 이점이 있다.

개괄적 현황

송광사 숲은 산림 면적의 85% 이상이 활엽수림으로 구성되어 있다. 특히 송광사를 에워싸는 내산內山의 산림은 북서 출입구 주변에 있는 산림(신평리 산1-2의 23.5ha와 신평리 산4-1의 6.0ha)과 경내의 일제강점기에 식재된 몇몇 삼나무·편백 인공 조림지를 제외하곤 대부분 활엽수로 구성되어 있다.

내산 지역의 대표 수종은 굴참나무를 비롯한 졸참나무, 신갈나무 등의 참나무류와 개서어나무, 당단풍나무와 고로쇠나무 등의 단풍나무류, 노각나무 등이다.

외산지역에 출현하는 대표 수종은 내산 지역보다 비교적 더 단순하다. 행정리 산162-1과 162-2는 주로 참나무류로 구성된 활엽수림이며, 신흥리의 산림은 소나무 단순림이나 또는 소나무와 활엽수가 섞여서 자라고 있다. 봉산리 산1(35.6ha)과 이읍리 산80(3.8ha)의 산림은 소나무들이 역시 주종을 이루고 있다.

내산 지역의 활엽수로 구성된 산림은 대부분 수목들의 가슴 높이 직경이 중경목中徑木에 해당되는 나무들로 구성되어 있다. 특정한 숲을 구성하고 있는 수목들 중, 50% 이상의 나무들의 굵기(가슴 높이 직경)가 6cm 미만은 치수稚樹, 6~18cm이면 소경목小徑木, 18~30cm이면 중경목, 30cm 이상이면 대경목大徑木이라 분류하고, 줄기 굵기의 정도(경급)을 각각 0, 1, 2, 3으로 분류한다. 송광사의 전체 숲은 신평리 산1-2의 23.5ha를 제외하고는 모두 3경급의 중경목(18~30cm)에 해당된다.

숲을 구성하는 수목의 나이도 숲의 특성을 나타내는 중요한 지표이기에 영급에 따라 산림을 유령림, 장년림, 노령림 등으로 분류하기도 한다. 송광사 산림의 영급은 신평리 산1-2필지(21~30년생)를 제외한 모든 필지의 산림이 4영급 이상(31~40년생)이다. 행정리 산162-1과 162-2의 산림은 영급이 5영급

(41~50년생)으로 나타나, 송광사 전체 산림 중 영급이 가장 높은 산림이다. 송광사의 산림이 아직도 나이가 많지 않은 30~40년생의 나무들로 대부분 구성되어 있는 이유는 1970년대 후반에 있었던 산림벌채(산판사업)의 영향 때문이라 생각된다.

해당 필지의 숲에 나무들이 얼마나 울창하게 자라는 정도를 파악할 수 있는 것이 키 큰 나무(교목)의 수관 점유 면적이다. 점유 면적이 50% 이하이면 소밀도 소, 51%~70%이면 소밀도 중, 70% 이상인 임분은 소밀도 밀로 구분한다. 송광사의 산림은 모두 울폐도가 밀로 나타나서 큰키나무들이 임분의 70% 이상을 차지하고 있다.

송광사 산림은 내·외산 지역을 막론하고 1970년대 말까지 벌채작업을 진행했다. 그 당시의 벌채작업은 내산지역의 토다리 삼거리에서 굴등동을 거쳐 호령봉에 이르는 계곡부에 남아 있는 산림작업도로나 외산지역 신흥리 초입에서 오도치까지의 산림작업도로로 확인된다. 내산지역은 1979년대 도립공원으로 지정된 이후부터 산림 벌채가 금지된 탓에 곳곳의 산림은 울창하지만, 적절한 숲 가꾸기 작업 없이 방치되었기 때문에 썩 건강한 상태는 아니다.

북부 외산 지역의 필지 중, 산림면적이 가장 넓은 신흥리 120-1(182.6ha)의 산림은 주로 소나무들로 구성되어 있으며, 상대적으로 다른 지역에 비해서 소나무의 밀도가 높다.

기호별 수종이 표기된 송광사 산림의 대축척 임상도

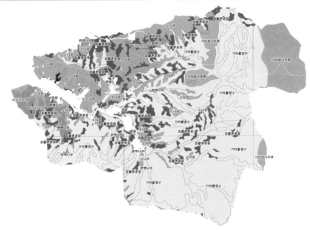

대축척 임상도(1:5,000)에 나타난 송광사 산림(위: 지형도상의 위치, 아래: 임상도)

송광사 산림의 각 필지별 대표수종, 경급, 영급, 울폐도 등의 임황과 적정조림수종, 임지생산력, 방위, 표고, 경사도 등의 지황은 다음 표에 정리되어 있다. 또한 2000년대의 임상 상태를 보다 자세하게 조사 분석하여 제작된 대축척 임상도(1:5,000) 상의 수종 분포는 앞의 그림과 같다.

필지별 현황

1) 내산지역

송광사 산림은 내산지역과 외산지역으로 나누어 살펴볼 수 있다. 내산지역은 총 3개 필지로 구성되어 있으며, 외산지역은 10ha 이하의 소면적 필지를 제외하면 9개의 필지로 구성되어 있다. 내산지역은 송광사 경내 전 지역의 산림으로 구성된 신평리 1-1와 진입 도로가 개설되어 있는 북서쪽 입구의 2필지(신평리 1-2와 4-1)로 구성되어 있다. 내산지역의 신평리 1-1 필지는 748.6ha의 면적에 표고 300~400미터의 높이로, 사면의 방향은 북서, 서, 남향이고, 경사도는 25~30도에 이른다. 임지생산력은 3, 4급지로 토양의 비옥도는 조금 떨어지는 상태이다. 내산지역의 대부분을 차지하는 신평리 산1-1 필지는 송광사 전체 산림면적의 56%를 차지한다. 신평리 산1-2필지와 산4-1필지를 포함하면 내산지역은 전체 산림면적의 58%에 이르며, 나머지 42%가 외산지역에 분포하고 있다.

송광사 사찰숲의 필지별 임황

지번	산림면적 (ha)	대표수종	경급 (나무지름cm)	영급 (나무나이)	울폐도
송광면 신흥리 산92	3.3	소나무	18~30	31~40	71
송광면 신흥리 산96	23.6	소나무	18~30	31~40	71
송광면 신흥리 산100	1.6	소나무	18~30	31~40	71
송광면 신흥리 산110	13.7	소나무	18~30	31~40	71
송광면 신흥리 산111	10.1	기타활엽수	18~30	31~40	71
송광면 신흥리 산118	14.6	소나무	18~30	31~40	71
송광면 신흥리 산120-1	182.6	소나무	18~30	31~40	71
송광면 신흥리 산120-2	12.6	소나무	18~30	31~40	71
송광면 신평리 산1-1	748.6	기타 참나무류	18~30	31~40	71
송광면 신평리 산1-2	23.5	소나무	6.0~18	21~30	71
송광면 신평리 산4-1	6.0	리기다 소나무	18~30	31~40	71
송광면 봉산리 산1	35.6	소나무	18~30	31~40	71
송광면 이읍리 산59-1	96.4	기타 활엽수	18~30	31~40	71
송광면 이읍리 산59-2	9.1	기타 활엽수	18~30	31~40	71
송광면 이읍리 산80	3.8	소나무	18~30	31~40	71
주암면 행정리 산162-1	84.8	기타 참나무류	18~30	41~50	71
주암면 행정리 산162-2	70.2	기타 참나무류	18~30	41~50	71

신평리 산1-2 필지는 북서쪽 입구의 북쪽 능선 아래쪽 산림으로 소나무들이 자라고 있다. 이 지역은 1927년 시업안에는 난벌로 인한 산림황폐가 진행되었던 곳으로 오리나무류의 식재를 권고했던 필지이지만, 오늘날은 소나무들이 무성하다.

신평리 산4-1필지는 북서쪽 진입로의 남쪽 능선 아래쪽 산림으로 리기다 소나무가 자라고 있다.

송광사 사찰숲의 필지별 지황

지번	적정조림수종	임지생산력	방위	표고	경사(도)
송광면 신흥리 산92	굴참나무, 소나무	4, 2	동	300~400	35~40
송광면 신흥리 산96	소나무	4, 2	남서	300~400	30~35
송광면 신흥리 산100	소나무	2, 4	남서	100~200	30~35
송광면 신흥리 산110	굴참나무, 소나무	4, 2, 3	남	500~600	30~35
송광면 신흥리 산111	소나무	2, 4	남서	300~400	10~15
송광면 신흥리 산118	소나무	2, 4	남서	300~400	10~15
송광면 신흥리 산120-1	소나무	2, 3, 4	북서	200~300	30~35
송광면 신흥리 산120-2	소나무	2, 3	북	100~200	30~35
송광면 신평리 산1-1	소나무	3, 4	북서	300~400	25~30
송광면 신평리 산1-2	소나무	3, 2	남서	100~200	25-30
송광면 신평리 산4-1	굴참나무, 소나무	2	북동	100~200	35~40
송광면 봉산리 산1	굴참나무, 소나무	2	남서	400~500	20~25
송광면 이읍리 산59-1	굴참나무, 소나무	3, 2, 4	남서	500~600	25~30
송광면 이읍리 산59-2	굴참나무, 소나무	4, 2	서	500~600	20~25
송광면 이읍리 산80	굴참나무, 소나무	2	남동	400~500	30~35
주암면 행정리 산162-1	굴참나무, 소나무	4, 2	북서	400~500	30~35
주암면 행정리 산162-2	굴참나무, 소나무	4, 2	북서	500~600	30~35

가. 신평리 산1-1

신평리 산1-1 필지의 구역도

신평리 산1-1은 송광사 전체 산림의 56%로 내산 산림의 대부분으로 구성되어 있다. 북쪽과 동쪽 및 남쪽은 송광사를 에워싸고 있는 산줄기 능선으로 외산과 경계를 이루고 있다. 산림의 대부분은 활엽수 혼효림, 참나무 혼효림, 소나무와 활엽수 혼효림으로 구성되어 있고, 주요 수종은 굴참나무, 갈참나무, 신갈나무, 느티나무, 개서어나무, 고로쇠나무, 단풍나무 등의 활엽수로 구성되어 있다.

일제강점기에 식재된 소면적의 편백, 삼나무가 불일암 근처나 성보박물관 부근, 삼밭등 부근에 자라고 있다. 불일암에서 광원암과 감로암으로 난 능선길 주변에는 활엽수에 피압된 소나무 숲을 볼 수 있다. 광원암과 감로암 주변의 산림은 소나무

신평리 산1-1 필지의 임상(감로암에서 바라본 내산)

신평리 산1-1 필지의 임상(조계봉 일원의 임상)

신평리 산1-1 필지의 임상(성보박물관 인근의 편백 숲)

신평리 산1-1 필지의 임상(불일암 초입의 삼나무 편백 숲)

림→활엽수림으로의 생태적 천이가 진행되고 있다.

소나무 숲의 쇠퇴 현상은 곳곳에서 관찰된다. 보조암동, 동암동, 법당후동, 모개방동, 실상암동, 굴등동, 피액동의 능선에는 소나무 숲이 활엽수에 피압되어 점차 침·활혼효림으로 변하고 있다. 수분 결핍과 척박한 토양조건 때문에 활엽수들이 쉬 생육할 수 없던 곳에 적응했던 소나무가 지난 몇 십 년 동안 개선된 산림토양 조건 덕분에 생활터전을 넓히고 있는 활엽수와의 경쟁에서 도태되고 있는 실정이다.

내산 몇몇 곳에 산재해 있는 소나무림도 근간 이와 유사한 도태 경로를 따라 쇠퇴할 것으로 예상된다. 특히 도립공원으로 지정된 이후, 산판(벌채)사업이 중지되고, 산림에 대한 일체의 시업행위가 이루어지지 않았기 때문에 자연의 복원력에 따른 소나무림 쇠퇴는 더욱 촉진된 감도 없잖아 있다.

내산의 대부분 구역에서 소나무 쇠퇴현상이 진행되고 있음에 비해, 신평리 산1-2와 인접한 북서쪽 입구 구역의 산림은 여전히 소나무 단순림으로 유지되고 있다. 송광사 사하촌인 외송, 평촌, 신평리 마을과 인접한 이 구역의 산림은 다른 내산 구역과 달리 20~30년 전까지도 농경의 영향을 받았고, 또 소나무를 인공 조림했기 때문에 소나무 숲이 그대로 유지되고 있는 것으로 추정된다.

송광사 경내에 일제강점기에 식재한 삼나무와 편백 숲은 식재 후, 가지치기와 간벌과 같은 적절한 숲 가꾸기를 하지 않고 방치한 결과 생육이 불량한 상태이다. 이들 숲에 대한 무육 작업이 필요하지만, 도립공원 내에서의 시업상의 제한으로 방치해 둔 실정이다.

나. 신평리 산1-2

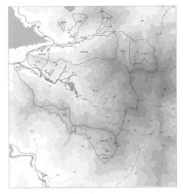

신평리 산1-2 필지의 구역도

송광사의 북서쪽 진입로에 위치하며, 내산의 초입부 북쪽 능선 아래의 산림이다. 이 필지는 예로부터 인근 신평리(평촌), 외송리, 금평 마을 사람들의 난벌로 인해 일제강점기에 이미 산림황폐가 극심했던 곳이다. 오늘날은 3영급(21-30년생)의 소나무 숲으로 이루어져 있다. 벌채 이용한 후, 조림한 곳이기에 송광사 전체 산림 중에서 가장 어린 숲이며, 따라서 나무줄기의

신평리 산1-2 필지의 소나무 임상

신평리 산1-2 필지의 소나무림

굵기도 소경목에 해당된다. 도로와 인접해 있는 일부 산림은 도
립공원의 경계에 벗어나 있기 때문에 산림자원의 육성과 경관
관리적 측면에서 적절한 관리 방안을 모색할 필요가 있다.

다. 신평리 산4-1

신평리 산4-1 필지의 구역도

송광사의 북서쪽 진입로 남쪽 능선의 아래쪽 산림이다. 숲
의 구성 수종은 주로 리기다소나무이며, 수령은 4영급(31~40
년생)이며, 나무들의 굵기는 중경목(18~30cm)에 해당된다. 이
필지의 토양비옥도는 상대적으로 좋은 2등급이며, 경사는
35~40도 수준이다. 지난 몇 십 년 동안 숲에 대한 적절한 무육
작업이 진행되지 못한 까닭에 산림은 울창한 상태(밀)로 유지
되고 있다. 이 필지 역시 경관관리 측면에서 적절한 숲 가꾸기

신평리 산4-1 필지의 리기다소나무 임상

신평리 산4-1 필지의 리기다소나무와 활엽수 임상

와 같은 무육방안이 모색되어야 한다.

2) 외산 지역

외산의 산림은 크게 동부와 북부와 남부 구역으로 나눌 수 있다. 외산의 동부구역 산림은 행정리의 2필지이고, 북부구역 산림은 신흥리 일대의 필지이며, 남부구역 산림은 산척, 이읍리, 장안리 일대에 분포하고 있는 필지들이다.

외산의 동부구역에 있는 행정리 2필지(산162-1과 162-2)는 154ha의 산림을 2등분으로 나눈 구역이다. 외산의 북부구역에 있는 신흥리의 산림은 두 영역으로 크게 나눌 수 있다. 송광사 내산과 접해 있는 외산의 필지와 내산과 연결되어 있지 않은, 가치 아래편에 위치한 몇몇 독립 필지의 산림으로 구분할 수 있다.

내산구역과 접해 있는 신흥리 필지는 산118과 산120-1, 산120-2이며, 가치 아래편에 위치한 필지는 신흥리 산92, 산6, 산100, 산110이다. 이 중 신흥리 118은 오도치에서 주암호로 흘러가는 계곡 주변의 산림이며, 산120-1과 2는 내산구역의 능선과 경계를 이루고 있는 필지이고, 신흥리 산100과 110은 오도재의 접경지역에 있는 산림이다.

외산 남쪽 지역의 산림은 봉산리 산1, 이읍리 산59-1 필지가 35.6ha와 96.4ha의 면적을 가진 산림이고, 이읍리 산50-2

필지는 상대적으로 작은 0.1ha의 면적으로 구성된 산림이다. 이들 필지는 모두 내산지역의 남쪽능선과 경계를 이루고 있다.

가. 행정리 산162-1과 162-2

행정리 산162-1과 162-2 필지의 구역도

행정리 산162-1과 162-2는 내산의 북동쪽 산 능선과 경계를 이루고 있다. 송광사에서 접근하기보다는 접치 지역에서 접근하기가 더 쉬운 지리적인 위치 때문에 조선시대부터 접치(가구동)주민들이 연료와 꿀을 채취하기 위해 지속적으로 이용했던 산림이다. 신흥리에서는 접치방향으로 갈 때, 넘어야 할 오도재와 인접해 있는 산림이다.

계곡을 기준으로 오른편의 산림은 여러 종류의 참나무들이

행정리 산162-1과 162-2 필지의 활엽수 혼효림(원경)

행정리 산162-1과 162-2 필지의 활엽수 혼효림(근경)

함께 자라고 있는 혼효림이며, 왼편의 산림은 다양한 종류의 활엽수 혼효림이다. 이 두 필지의 표고는 해발 400~600m이며, 경사도는 30~35도로 급경사에 속한다. 사면의 방위는 북서방향으로 임지생산력은 4급지가 많고, 2급지는 적어서 토양 비옥도는 다른 임지에 비해 상대적으로 좋지 않은 곳이다. 일부 구역의 산림은 벌채로 인해 30년생 내외의 수령을 가졌지만, 나머지 대부분의 산림은 수령 40~50년생, 경급은 중경목(18~30cm), 울폐도는 울창한 상태인 밀이다.

사람들이 접근하기 쉬운 굴목치를 넘는 길가(북쪽 경계면)에 침활혼효림의 흔적이 조금 있지만, 조만간에 소나무가 쇠퇴하여 활엽수림으로 바뀔 것으로 예상된다.

나. 신흥리 산96

신흥리 산96 필지의 구역도

신흥리 산96 필지의 소나무 임상

　신흥리 산96의 필지는 가치와 닿아 있는 능선 아래의 산림
이다. 대부분 소나무 숲으로 구성되어 있고, 3경급(나무 지름
18~30cm) 4영급(31~40년생)의 수목들로 구성되어 있으며, 소밀
도는 70% 이상의 밀로 울창한 상태의 숲이다. 이 필지의 임지
생산력은 상대적으로 낮은 4등급과 2등급이고, 경사면의 방위
는 남서이고 경사도는 30~35도, 표고 300~400m에 있다.

다. 신흥리 산110과 신흥리 산111필지

신흥리 산110과 산111 필지의 구역도

　신흥리 산110과 산111 필지는 오도재와 붙어 있는 산림으로 일부분은 신흥리 산120-1과 붙어 있다. 이 두 필지의 산림 역시 소나무가 주 대표수종이며, 3경급(나무 지름 18~30cm), 4영급(31~40년생)의 수목들이 소밀도 밀의 상태로 있는 곳이다. 산100필지는 상대적으로 비옥도가 좋은 2등급지가 많고, 소수의 4등급지로 구성되어 있으며, 경사면은 남서향이고, 산110의 경사는 30~35도, 표고 500~600m에 있다. 산111의 경사는 10~15도이며, 표고 300~400m에 걸쳐 산110에 인접해 있다.

신흥리 산110 필지의 소나무 활엽수 혼효림

신흥리 산111 필지의 소나무 활엽수 혼효림

라. 신흥리 산120-1

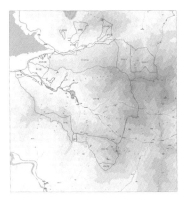

신흥리 산120-1 필지의 구역도

신흥리 120-1 필지는 송광사 신흥리 1-1 필지와 붙어 있는 북쪽 외산이다. 대부분 소나무림으로 구성되어 있지만, 곳곳에서 활엽수 혼효림이 나타나고 있다. 따라서 이 숲도 소나무 쇠퇴가 진행되는 숲이라 할 수 있다. 120-1필지에 붙어 있는 120-2 필지에 비하면 상대적으로 소나무 숲의 구조가 단순림 형태가 많지만, 곳곳에 활엽수의 침입이 계속되고 있다.

이 숲의 아래쪽 계곡 부위와 초입부위는 도립공원 구역에 벗어나 있기 때문에 소나무 숲에 대한 적절한 조림적 시업 조치(숲 가꾸기, 간벌, 가지치기 작업 등)가 필요하다. 장기적으로 가람의 중창, 수리 보수에 필요한 대경재 및 건축재를 생산하기 위해 경영계획의 수립도 필요한 형편이다. 내산의 신평리 산1-1

신흥리 산120-1 필지의 소나무림

신흥리 산120-1필지의 소나무 활엽수 혼효림

필지에 이어 두 번째로 큰 필지이고, 행정리 산162-1과 162-2
필지(합계 155정보)와 함께 중요한 외산 지역의 산림이다.

이 필지의 산림은 3경급(18~30cm), 4영급(31~40년생), 울폐도
밀의 상태이며, 임지생산력은 토양이 좋은 2, 3급지와 4급지가
혼재해 있고, 방위는 북서 방향이며, 경사는 30~35도로 심하
고, 표고는 상대적으로 낮은 200~300m에 있다.

마. 신흥리 산120-2

신흥리 산120-2 필지의 구역도

이 필지는 120-1 필지에 비해 면적은 12.6ha로 좁다. 원래
는 소나무 숲이었지만, 현재는 침활혼효림과 활엽수림으로 급
격하게 바뀌고 있다. 이 필지에 자라는 나무들의 경급은 3경급
(18~30cm)의 중경목이고, 영급은 4영급(31~40년생)으로 울폐도

신흥리 산120-2 필지의 소나무 활엽수 혼효림

신흥리 산120-2 필지의 활엽수 혼효림 속의 소나무 단순림

는 밀집한 상태이다. 임지생산력은 상대적으로 높은 2급지와 3급지이고, 경사의 방위는 북향으로 경사도는 30~35도이다.

도립공원 구역에 제외된 지역으로 소나무 숲에 대한 적절한 시업행위가 필요한 산림이다.

바. 봉산리 산1

봉산리 산1 필지의 구역도

내산의 남동쪽 일부분을 구성하고 있는 산림으로 문치에서 인구치까지 산능선 바깥쪽의 산림으로 산척 및 봉산리와 접해 있다. 이 필지는 3경급, 4영급, 밀의 울폐도로 구성되어 있고, 소나무 숲이 주 수종이지만, 대부분 활엽수에 피압되어 쇠퇴하고 있다. 임지생산력은 2급지로 우량하며, 표고 400~500m

봉산리 산1 필지의 소나무 활엽수 혼효림

로 경사방향은 남서향이고, 경사도는 20~25도로 다른 필지에
비해 상대적으로 완만한 상태이다. 도립공원 구역내에 포함된
지역이기 때문에 시업상의 제한이 있을 수 있다. 풍치 준엄을
위한 시업은 고려할 수 있을 것이다.

사. 이읍리 산59-1

이읍리 산59-1 필지의 구역도

인구치에서 천자암에 이르는 내산 능선 바깥쪽의 외산 남서쪽 산림으로 구성되어 있다. 대부분 활엽수로 구성되어 있으며, 3경급, 4영급, 울폐도 밀의 상태로 있으며, 임지생산력은 중간 정도(2, 3, 4등급)이고, 표고 500~600m에 경사면은 남서로 향하고, 경사도는 25~30도 정도이다. 장안리 일대의 산림으로 예로부터 주민들의 난벌과 화전의 대상이었던 산림이다. 오늘날은 소나무는 기의 도태되고 다양한 종류의 활엽수들이 숲을 구성하고 있다.

이읍리 산59-1 필지의 활엽수 혼효림

이읍리 산59-1 필지의 활엽수 혼효림

07

맺음말

미래 천년 숲을 위한 제언

송광사가 조계산 산중이 아닌 도읍이나 평야지대에 터를 잡았다면 과연 800년의 역사를 지속할 수 있었을까? 산림학자의 관점에서 산지가 아니라 도읍이나 구릉지에 터를 잡았더라면 겨우겨우 사세寺勢를 유지했을지 몰라도, 오늘처럼 삼보사찰의 당당한 일원으로 한국 불교의 승맥을 이어오기란 쉽지 않았을 것이다.

오늘의 송광사는 조계산 일원에 펼쳐진 산림을 지난 수백 년 동안 소유(또는 독점적으로 이용)하였기에 존립이 가능했고 발전할 수 있었다. 이렇게 주장하는 이유는 산림이 재생가능한 특성을 보유한 자연자원이기 때문이다. 적절하게 관리하면 영원히 이용할 수 있는 산림의 특성 덕분에 송광사 사부대중은 수백 년 동안 추위를 피할 수 있었고, 가람을 건립할 수 있었으며, 곤궁했던 시기엔 산림에서 파생된 수익(목재, 숯 등)으로 사세를 어렵게나마 유지할 수 있었다.

산림이 간직한 재생가능성을 지속적으로 유지하기 위해서는 적절한 보호와 관리가 필수적이다. 적절한 보호와 관리가 철저하면 산림의 역할은 잘 발휘되고, 그에 따라 산림에 의존하는 국가나 사회, 또는 조직의 지속가능성은 유지될 수 있었음을 역사는 증명한다. 오죽하면 "문명 앞에는 숲이 있고, 문명 뒤에는 사막이 남는다"는 경구가 오늘날도 회자되고 있을까! 산림은 인류 문명 발전의 숨은 원동력이었고, 문화 발전의 숨은 영웅이었다.

산림이 감당할 수 있는 재생가능성의 발휘는 매년 생장량 한도 내에서 이용(땔감이나 목재)해야 한다는 전제를 깔고 있다. 매년 자라는 양보다 더 많은 양을 소비하기 시작하면 산림은 고갈되기 시작하여 종국에는 황폐해진다. 생장량보다 소비량이 더 많은 순간이 도래하면 산림 자체의 보유량으로 어느 정도의 시간은 견뎌낼 수 있을지 모르지만, 시간이 지날수록 고갈 속도는 빨라지고 사회나 조직의 지속가능성은 악화되어 마침내 재앙적 붕괴를 맞게 된다. 그래서 산림의 감당 능력은 넓게는 지구적으로나 국가 수준에서, 좁게는 한 사회나 공동체의 수준에서도 중요하다.

나무를 심고 육성하기보다는 약탈적으로 산림을 이용한 조선시대의 관행은 산림자원의 고갈을 불러왔고, 18세기 후반부터 나라 전역으로 확산 심화되었다. 그나마 다행스럽게도 송광사의 산림은 19세기 초엽에야 산림고갈에 따른 지속가능성의 붕괴 위험을 경험했다.

송광사의 산림이 매년 생장한 임목축적량보다 땔감과 건축재로 매년 소비한 양이 더 많아진 시기는 19세기 초반으로 추정된다. 송광사 산림이 6백년 이상 감당했던 공급 능력은 인구 증가, 산림자원 고갈 등으로 인해 1800년대 초반부터 악화되기 시작하였고, 결국은 제5차 중창에 필요한 건축재의 부족을 불러와 그 부족분을 원근의 사양산에서 구입하여 충당하였다. 산림자원의 지속가능성은 생장량 이상을 이용할 때에는 언제나 무너질 수 있음을 보여 주는 한 사례라 할 수 있다. 19세기 말과 20세기 초에 발생한 송광사와 이웃 마을, 송광사와 선암사 간의 산림 소유권 분쟁 역시 산림의 재생가능성 확보책의 일환으로 이해할 수 있다.

송광사의 임상林相 변화를 파악하고자 항공측량용 컬러 사진을 처음 보았을 때 받은 인상은 아직도 뇌리에 선연하다. 하늘에서 내려다 본 송광사 숲은 완벽한 녹색세상이었다. 묘소를 조성한다고 숲을 훼손한 형상이 마치 구멍이 쑹쑹 뚫린 녹색 양탄자 모습과 유사한 주변 사유림과는 확연히 달랐다. 무엇이 송광사의 숲을 주변의 숲과 이처럼 다르게 만들었을까? 암장暗葬을 막고 숲을 온전히 지켜낸 원동력은 과연 무엇일까? 송광사에는 이런 물음에 답을 주는 기록이 있다. 바로《조계산송광사사고》〈산림부〉와 〈금전출납부〉와 〈종무일기〉이다. 곤궁했던 시절에도 송광사는 숲을 지키기 위한 노력을 다했다. 조선시대에는 봉산 획정을 스스로 자임하여 왕실의 권위로 양반 권세가로부터 숲을 지켜내었고, 일제강점기에는 산림을 관리하는 인원이 사찰을 운영하는 감고의 숫자와 비슷할 만큼 산림관리에 만전을 기했다. 1960년대에는 도벌을 막고, 산불을 진화하고 암장을 막기 위해 스님들의 순산활동이 일상이었다. 송광사가 사찰숲 보호에 이처럼 적극적이었던 이유는 어렵고 곤궁했던 시절에 사원 수입의 큰 몫이 숲에서 창출되었기 때문일 것이다. 그래서 산림관리에 대한 송광사의 전통은 하루아침에 형성된 것이 아니고, 멀리 200년 전으로 거슬러 올라간다고 감히 말할 수 있다.

그러나 오늘날은 세상이 변했다. 산림에 의존할 수밖에 없었던 농경사회의 경제 질서는 이미 오래전에 사라졌다. 대부분의 사찰숲은 도립공원에 편입되어 더 이상 수입을 꾀할 수도 없다. 우리는 세계화, 디지털화, 가상공간이 넘나드는 새로운 세상에 살고 있다.

이런 세상에서도 사찰숲은 필요할까? 기후변화와 지구온난화에 대한 경종이 하루가 다르게 강화되고 있는 이때, 사찰숲은 과연 어떤 의미가 있는 것일까? 지난 200년 역사를 되돌아볼 때, 앞으로 전개될 송광사 사찰숲의 미래는 어떠할까? 사찰숲을 위해 해야 할 일은 무엇일까? 경험해 보지 못한 새로운 위기 앞에 할 수 있는 일은 무엇일까?

이런 물음에 답할 수 있는 가장 간단한 방법은 손 놓고 있기보다는 당장 할 수 있는 일부터 시작하자는 것이다. 우리가 숲과 함께 생활했던 송광사의 지난 세월을 되돌아보고 정리하는 이유도 선제적으로 대응했던 고승들의 선경지명이 오늘의 사찰숲에도 필요하기 때문일 것이다. 미래 천년 숲을 위해 다음을 제안하고자 한다.

1. 장기 계획을 마련하자

송광사는 사찰숲 경영에 대한 시업안을 작성한 1927년 이래, 산림에 대한 장기 계획은 수립한 적이 없다. 지난 90여 년 사이에 우리 사회가 겪은 엄청난 변화(식민지 통치, 6·25전쟁, 공비의 준동, 전후의 사회적 혼란)를 감안해도 자연유산인 송광사의 산림을 방치해온 것은 문제가 있다. 특히 산림부를 통해서 송광사의 산림이 800년의 세월동안 선대 스님들의 땀과 정성 덕분에 지켜낸 자연유산임을 상기하면, 무대책으로 일관하고 있는 이즈음 승가의 태도는 직무유기라 할 수 있다.

송광사 산림을 보호하고 육성하기 위한 적절한 직제의 신설과 산림 이용에 대한 장기 계획을 수립하여 앞으로 올 지구온난화와 기후변화를 선제적으로 대비할 필요가 있다. 그 대비책의 하나로 사찰산림운영위원회(가칭)를 구성하고, 필요한 인적자원을 외부에서 구하는 한편, 적절한 직제와 예산을 배정하여 장기적인 구상과 그에 따른 세부 계획의 수립을 제안한다.

2. 사찰 중건(중수)용 목재 생산 계획을 마련하자

사찰숲의 존립 이유는 풍치존엄의 유지와 함께 가람의 중건과 수리 보수에 필요한 목재의 원활한 조달도 무시할 수 없다. 일제강점기 1921년에 진행된 제6차중창 사업에 8만 그루의 소나무가 송광사의 산림에서 조달된 사례처럼, 지난 수백 년 동안 지속적으로 이루어진 중창 공사에 필요한 대부분의 목재는 송광사 산림에서 충당하였다. 송광사의 현 산림 상황은 조선시대와 일제강점기와는 다르다. 우선 대부분의 산림이 도립공원 구역으로 지정되어 있어서 공원 구내에서 산림벌채를 진행할 수 없는 점이 그렇고, 다른 한편으로 교통의 발달과 국제간의 교역 증대에 따라 사찰 중건과 수리 및 보수에 필요한 많은 양의 목재를 국내외의 다른 장소에서 조달할 수 있는 점이 그렇다. 그밖에 사찰숲이 공원 구역으로 지정되어 있는 까닭에 벌채와 간벌과 기타 필요한 숲 가꾸기 사업을 할 수 없는 시업상의 제한 조치도 목재생산에 제약요소가 되고 있는 실정이다. 이런 형편에 그나마 산림육성을 위해 조림적 방법을 응용할 수 있는 임지는 도립공원 구역에 편입되지 않은 신흥리의 몇 필지와 서북쪽 진입로 인근에 자리 잡은 신평리 산1-2와 4-1필지의 임지이다. 이들 임지의 임상은 대부분 소나무로 구성되어 있기 때문에 가람 증축, 신축, 수리 및 보수에 필요한 대경재 생산을 위한 적절한 조림적 방안을 모색할 필요가 있다.

오늘날 생태 윤리가 나날이 중시되는 시대정신을 감안할 때, 나라 안팎의 다른 지역 산림에서 목재를 조달하기 보다는 사찰 산림에서 조달되는 목재가 보다 더 생태지향적이다. 따라서 사찰 산림의 임업적 이용에 대한 대비책을 수립을 제안하고자 한다.

조계산 도립공원구역(녹색)에 표시된 송광사 산림경계(청색 선). 도립공원 구역에 포함되지 않은 송광사의 산림(갈색)은 대부분 신평리 초입과 신흥리 일대에 분포해있다.

3. 풍치 존엄의 유지를 위한 산림 경관 관리

사찰숲의 제1차적 존립 근거는 사찰의 풍치 존엄을 유지하는 것에서 찾을 수 있다. 불교가 숲의 종교란 명제를 부정할 수 없듯이 사찰은 숲의 존재를 부정할 수 없다. 사찰 주변의 산림 덕분에 불교적 가치를 보다 효과적 고양할 수 있음을 인정하고 사찰숲의 경관관리에 관심을 가져야 한다. 송광사의 현 산림은 다른 사찰과 비교해서 풍치 존엄의 유지란 측면에서 미흡하다. 단적인 예를 들면 홍류동 계곡에서 시작되는 소나무 숲길이나 일주문에서 봉황문에 이르는 해인사의 들머리 숲길을 상상해보자. 또 다른 사례는 통도사의 무풍한송 소나무 숲길과 비교하면 송광사 숲의 위상이 얼마나 초라(?)한지 금방 확인할 수 있다. 승보사찰이란 위상에 걸 맞는 사찰 숲을 보유할 필요가 있고, 그래서 더욱 숲을 통한 풍치 존엄의 가치를 새롭게 수립할 필요가 있다.

송광사는 극락교에서 일주문에 이르는 들머리 숲길에 대한 새로운 산림 계획을 수립할 필요가 있다. 현재의 소나무림을 어떻게 할 것인지(좀 더 늘릴 것인지, 생태적 쇠퇴 현상에 앞서 선도적으로 다른 수종으로 바꿀 것인지)를 비롯하여 경내 곳곳에 산재해 있는 일제강점기에 식재된 편백, 삼나무 숲에 대한 존치 여부 및 육성 또는 폐기 등을 결정할 시점이다.

경내 곳곳에 활엽수에 의해서 쇠퇴 일로에 있는 소나무 숲(불일암에서 감로암 능선길 주변)은 숲 가꾸기 방법으로 소나무 숲으로 유지할 수 있지만, 송광사는 방치하고 있는 실정이다. 경내 곳곳에 있는 소나무 숲에 대한 송광사 자체의 의견 수렴과

그에 따른 구체적 실행계획도 풍치 존엄을 유지하기 위해서
필요하다.

4. 봉산 유적 관리 및 활용

조선시대 산림이용에 대한 구체적 사례가 전무한 형편에,
송광사의 봉산관리 사례는 유일무이한 것이고, 그 대상지가
송광사임을 기억할 필요가 있다. 송광사는 조선시대 사찰이
관리했던 봉산의 경계를 확인할 수 있는 유일한 사찰이다. 또
한 율목봉산 획정의 이유였던 밤나무 생산지의 위치를 확인할
수 있는 사찰이다. 봉산 경계와 율목 생산지에 대한 자연유산
의 가치를 널리 알리고, 적극적으로 활용할 방안을 모색할 필
요가 있다.

봉산의 자연 유산적 가치를 확산할 수 있는 방법은 봉산 경
계를 삼은 14표석을 복원하여 그 표석을 연결하는 봉산 순례
길을 만드는 것이다. 율목봉산의 주 대상물인 밤나무 생산지
와 벌채지에 대한 순례 코스를 개발하는 것도 한 방안이다.

향탄봉산의 대표적 유적은 숯가마일수 있다. 일제강점기에
이용했던 숯가마와 함께 조선시대의 숯가마 터도 발굴하여 향
탄봉산의 역사를 증언할 필요가 있다.

5. 산림 관련 역사자료 수집 및 정리

송광사는 세 분 스님의 선견지명 덕분에 조선시대의 귀중한 봉산 관련 자료를 남겼다. 산림부에 언급한 봉산과 관련된 자료, 소유권 분쟁에 연고권을 주장한 문서, 일제강점기의 산림관련 자료(묘포장, 제탄 작업, 조림 관련 사진 등)는 송광사의 역사일뿐만 아니라 나라 전역의 산림사를 증언하는 자료일 수 있다. 최근 성보박물관 수장고의 상자 속에서 발견된 것이 있다. 1861년 예조에서 전라도 경차관에게 발급한 송광사 밤나무 벌채허가서(주재작벌관문主材斫伐關文), 송광사가 벌채목 운반에 동원될 인력 확보를 위해 경차관에게 제출한 청원서(등장等狀), 1895년 송광사와 선암사 사이에 장막동 산림 소유권 분쟁당시의 청원서와 도면 등이다. 근 90년 만에 다시 세상 밖으로 나타난 산림 관련 고문서는 세 분 스님이 엮은 산림부의 진위를 재확인하는 증거이다. 이런 사례처럼 송광사는 보유하고있는 산림 관련 사료를 수집하고 정리하고 분석하여 목록을 만들어 연구자들을 위해 공개하고, 가능하면 전국의 사찰 산림과 관련된 자료를 통합 정리하여 성보박물관에 전시 수장하는 기회를 만들 필요가 있다.

부록

참고문헌

권순구 2007 〈조선 후기 봉산정책의 분석〉한국정책과학회보 11(1): 81~104

김갑주 1982 〈조선시대 사원경제 연구〉동국대학교 박사학위논문

김경숙 2002 〈조선 후기 산송과 사회갈등 연구〉서울대학교 대학원 박사학위 논문

김광식 2006 〈사찰령의 불교계 수용과 대응〉한국선학 15:619~663. 한국선학회

김순미 2006 〈해방 후 농지개혁과 사찰재산의 변동〉한국교원대학교 석사학위
　　　　논문

김종엽 2012 〈순천시 조계산도립공원 선암사골 계곡부 식물군집구조〉한국환경
　　　　생태학회지 26:593~603

김태욱 1987 〈조계산 지역 삼림군집의 식물사회학적 연구〉한국임학회지
　　　　76:418~424

김홍순 2008 〈조선 후기 산림정책 및 산림황폐화: 시장주의적 고찰과 그에 대한
　　　　비판〉한국지역개발학회지 20(2):169~192

민병수 외 2001《사찰, 누정, 그리고 한시》태학사

朴炳璇 2006 〈朝鮮後期 願堂考〉백련불교논집 5~6집

박병선 2009 〈조선 후기 원당의 설립과 절차 및 구조〉경주사학 29: 53~98

박봉우 1996 〈봉산고〉산림경제연구 4권 1호

배재수 2000 〈임적조사사업(1910)에 관한 연구〉한국임학회지 89(2): 260~274

산림청 2006 〈찾아가는 100대 명산〉《월간 사람과 산》

신은영 2016 〈금어 김용일섭의 연보 연구〉전남대학교 대학원 문화재학협동과정
　　　　석사학위논문

심경호 2007《산문기행》이가서

심희기 1992《한국법사연구》영남대학교 출판부

윤선자 2003 〈일제하 종교단체의 경제적 기반 확보 과정〉한국근현대사연구 2003
　　　　년 봄호 제24집 62~90

이병희 2007 〈고려시기 사원의 시지와 산림〉청람사학 15집

인암(忍庵) 1962 〈송광사 종무일기〉미발표 자료

임업연구원 2001 〈한국의 근·현대 산림소유권 변천사〉 임업연구원 연구자료 182호

전영우 1997 《산림문화론》 국민대학교 출판사

전영우 2009 〈사찰림의 형성 유래와 기능〉 산림과학 21: 1~15. 국민대학교 산림
　　　과학연구소

전영우 2011 《비우고 채우는 즐거움, 절집 숲》 운주사

전영우 2012 〈조선시대 사찰의 산림관리. 율목봉산과 향탄봉산을 중심으로〉 산림
　　　과학 24:1~27. 국민대학교 산림과학연구소.

전영우 2012 〈조선시대 왕실의례용 임산물 생산을 위한 사찰의 산림 관리〉 산림과
　　　학공동학술발표논문집. 한국임학회

전영우 2013 〈조선시대 향탄산과 탄봉산과 향탄봉산에 관한 연구〉 산림과학 25:
　　　5~31. 국민대학교 산림과학연구소

전영우 2014 《궁궐건축재 소나무》 상상미디어 204쪽

전영우 2016 모과나무

정락인 2008 〈무소유가 법이거늘 언제 땅 부자가 되었나〉 시사저널 968호(2008년 5
　　　월 2일자)

조명제, 김탁, 정용범, 정미숙 2009 역주 《조계산송광사사고》〈산림부〉 혜안 320쪽

조선왕조실록

조선일보사 1999 〈전국명산지도첩〉 《월간 山》 1999년 6월호. 창간 30주년 기념 특
　　　별부록

최병택 2010 《일제하 조선임야조사사업과 산림 정책》 271쪽. 푸른숲

최병택 2014 〈일제하 사찰 소유 임야 관리의 실태〉 사학연구 제114호: 125~160

탁효정 2004 〈조선 후기 왕실원당의 사회적 기능〉 청계사학 19:149~213

탁효정 2012 《조선궁능원묘조포사조》를 통해 본 조선 후기 능침사의 실태〉 조선시
　　　대사학보 61권: 195~229

탁효정 2012 〈조선시대 王室願堂 연구〉 한국학중앙연구원 한국학대학원 박사학위
　　　논문

한국인구학회 2016 《인구대사전》 통계청

한봉호, 최진우, 노태환, 허지연 2014 〈순천시 조계산 운수암 계곡부 식물군집구
　　　조〉 한국환경생태학회지 28:45~54

현봉 2017 《다송자, 금명보정의 생애와 사상 솔바람 차향기》 도서출판 송광사

주注

1) 일제강점기 조선총독부의 초기 벌채 허가 서류에는 사찰유림(寺刹有林)이나 사유림(寺有林)이라 표기되어 있다.

2) 심희기 1992《한국법사연구》영남대학교 출판부

3) 김경숙 2002〈조선 후기 산송과 사회갈등 연구〉서울대학교 대학원 박사학위 논문

4) 탁효정 2012《《조선궁능원묘조포사조》를 통해 본 조선 후기 능침사의 실태〉조선시대사학보 61권: 195~229

5) 탁효정 2004〈조선 후기 왕실원당의 사회적 기능〉청계사학 19:149~213

6) 전영우 2012〈조선시대 사찰의 산림 관리. 율목봉산과 향탄봉산을 중심으로〉산림과학 24:1~27 국민대학교 산림과학연구소

7) 현봉 2017《다송자, 금명보정의 생애와 사상 솔바람 차향기》도서출판 송광사

8) 조선총독부 연감에 의하면 장작의 수요가 매년 10억 관實에 이르고 숯은 5천만 관에 이르는데 그 수요를 감당하기 위해 장작 용도로 약 697만 2,900세제곱미터, 숯 용도로 약 161만 500세제곱미터, 합계 약 858만 3,400세제곱미터 정도의 나무를 베어낼 필요가 있었다. 최병택〈일제하 임야조사사업과 산림 정책〉일제강점기 자료 http://egloos.zum.com/edev/v/1346082

9) 우리나라는 임목축적이 낮은 1973년도(11.3㎥/ha)에는 생장율이 3.88%였다가 조림한 나무들이 왕성하게 자란 1990년대는 5.5%였고, 2017년(154.1㎥/ha)에는 5.84%로 추정되었다. 산림과학원 2003〈임목축적 생장률 적용 방법 개발〉산림과학원

10) https://blog.naver.com/songgwang01/220291942779 임란 이후 송광사 중창불사 가마터 확인. 송광사보

11) 서치상〈삶의 공간과 흔적, 우리의 건축문화〉우리역사넷

12) 김왕직 2002〈18세기 전후 한국건축 상황의 고찰-정조 전후 관영건축공사의 경제사적 관점을 중심으로〉동양예술 6호 119~134

13) 김부섭 대목과의 대담으로 얻은 정보

14) 1060㎥=662.5ha×40㎥×0.04(연생장률). 임목축적의 연생장률은 숲의 나이,

종류, 형태에 따라 다르다.

15) 조선총독부 1927 《임야통계》 조선총독부

16) 한국임업진흥원 2017 〈숫자로 보는 우리나라의 산림자원〉 임업진흥원 자료집 90호

17) 국립산림과학원 2009 〈산림 기능 및 생태환경 특성에 따른 광릉시험림 경영계획 수립〉 산림과학원연구보고 09~27. 평균 ha당 축적은 침엽수 279.8㎥, 활엽수 178.1㎥, 혼효림 229.3㎥로 조사되었고, 편의상 혼효림의 축적을 조선시대의 임목축적으로 대입하였다. 천연활엽수림의 축적량은 더 적을 수도 있다.

18) 한국인구학회 2016 《인구대사전》 통계청

19) 최덕수 1996 〈조선시대의 산림제도〉 한국 임업 근대화 과정의 재조명. 임업연구원

20) 지용하 1964 《한국임정사》 명수사

21) 조선왕조실록(태종 13년, 1413)에는 분묘와 마찬가지로 농사(農舍) 주변의 산림 점유 범위를 규정하고 있다. 1품의 점유 범위는 "농사의 울타리 둘레를 사방 1백 보로 하고 매 품(品)마다 10보를 내려서 서인(庶人)에 이르러 사방 10보"로 정하였다.

22) 임경빈 1995 〈우리나라 숲의 역사적 의의와 미래〉 산림 356호. 임업협동조합 중앙회

23) 김선경 1993 〈조선 후기 산송과 산림소유권의 실태〉 동방학지

24) 지용하 1964 《한국임정사》 명수사

25) 김선경 1993 〈조선 후기 산송과 산림소유권의 실태〉 동방학지

26) 한동환 1993 〈우리 식의 그린벨트를 찾아서〉 풍수, 그 삶의 지리, 생명의 지리. 푸른나무

27) 배재수 1996 〈잊혀진 봉산: 역사 속의 숲을 넘어 현실의 장으로〉 이천용 편 문화와 숲. 숲과문화연구회

28) 김용태 2011 〈조선 전기 억불정책의 전개와 사원경제의 변화상〉 조선시대사학보 58:5~33

29) 성종훈 2000 《조선 초기 억불정책과 그 성격에 대한 연구》 성균관대 교육대학원 석사학위

30) 김봉렬 2004 《불교 건축》 도서출판 솔

31) 전영우 2016 《한국의 사찰숲》 모과나무

32) 김홍순 2008 〈조선 후기 산림정책 및 산림황폐화: 시장주의적 고찰과 그에 대한 비판〉 한국지역개발학회지 20(2):169~192

33) 전영우 2014 《궁궐건축재 소나무》 상상미디어

34) 전영우 2012 〈조선시대 왕실의례용 임산물 생산을 위한 사찰의 산림 관리〉 산림과학공동학술발표논문집. 한국임학회

35) 현봉 스님이 펴낸 《다송자, 금명보정의 생애와 사상 솔바람 차향기》에는 선대 스님들이 송광사의 산림을 왕실의 율목봉산과 향탄봉산으로 칙정되게끔 한 이유가 사찰림을 지키고 과도한 승역을 줄이기 위한 자구책이라고 증언하고 있다.

36) 〈중외일보〉 1930년 5월 18일자/ 1991년에 완공된 주암댐 건설로 오늘날은 수몰되었지만, 낙수리에서 송광사까지 변변한 차로가 개설된 것은 1930년이었다.

37) 서치상 〈삶의 공간과 흔적, 우리의 건축문화〉 우리역사넷

38) 김정문, 정룡, 김재식 2005 〈조계산 송광사의 공간 구성 원리에 관한 연구〉 한국전통조경학회지 23:19~54

39) 林錫珍 2001 《松廣寺誌》 송광사

40) 불교진흥원 2010 《조계산 송광사》

41) 정락인 2008 〈무소유가 법이거늘 언제 땅 부자가 되었나〉 시사저널 968호 (2008년 5월 2일자)

42) 조선일보사 1999 〈전국명산지도첩〉 《월간 山》 1999년 6월호. 창간 30주년 기념 특별부록

43) 산림청 2006 〈찾아가는 100대 명산〉 《월간 사람과 산》에서 제작

44) 규장각이 소장한 송광사 고지도는 〈順天 曹溪山 松廣寺 事蹟 附 地圖〉(1886)로 규장각 도서번호 10329이다.

45) 《寶鼎 茶松文稿》 卷2 12~733쪽에 '曹溪山 松廣寺 獅子項 新舊路 緣起' 서술난

46) 배상현 2004 〈松廣寺 소장 古文書에 비친 高麗寺院의 모습 -修禪社形止記를 중심으로〉 한국중세사 연구. 17:07~238

47) 〈송광사 사유림 시업안〉 1927

48) 배상현 2018 〈송광사 산내 암자의 창건과 변천〉 불교연구 제49집(2018), 133~161쪽

49) 편의상 송광사의 가람 규모는 3000칸 80동에 의거하여 1동당 규모는 37.5칸으로 산정하였다. 매년 1동씩 새로 짓고, 2동씩 중수한다고 가정하여 추정하였다. 중수에 소요되는 재목은 중건 건물의 1/4로 추정하였다. 80년마다 1동을 새로 짓거나 40년마다 2동씩 수리한다는 조건을 대입하면 40년 마다 1동씩 새로 짓는 셈이다. 결국 매년 2동에 들어가는 재목은 400 m^3이고, 원목소요량은 800 m^3이다.

50) 1인당 0.4 m^3의 임산 연료를 소비한다는 추정

51) 1,200ha × 시기별 예상 축적량 m^3/ha × 0.04(생장률)

52) 1927년 송광면에 거주하는 인구는 1927년 시업안에서 제시한 총 호수 1,671호 × 5명 = 8,355명 중 송광사 주변에 주민의 1/3이 산다고 가정한 2,785명에 송광사에 거주하는 대중 200인을 합산하여 역산함. 1927년 이전의 주민은 인구 감소 추세에 따라 산정하고, 송광사 대중의 숫자는 200인으로 합산. 1927년 당시 나라 전역의 ha당 임목축적은 17.2 m^3였으나 송광사는 약 23 m^3였다.

53) 서치상, 김순일 1990 〈松廣寺 第伍重創工事에 관한 研究〉 대한건축학회 27권 1호

54) 조명제 외, 2009 역주 《조계산송광사사고》 〈산림부〉 혜안

55) 김홍순 2008 〈조선 후기 산림정책 및 산림황폐화: 시장주의적 고찰과 그에 대한 비판〉 한국지역개발학회지 20(2):169~192

56) 전영우 2012 〈조선시대 사찰의 산림관리-율목봉산과 향탄봉산을 중심으로〉 산림과학 24:1~27 국민대학교 산림과학연구소

57) 영조 45년(1769) 8월 3일 湖南則頃於己酉年分, 道臣狀聞, 革罷各邑分定之弊, 乃以求禮縣鷰谷寺所在處, 專屬主材栗木封山之所, 成節目啓下, 蓋以主材之宜土, 誠爲三南之第一也. 一自封山之後, 每式年主材, 都研於鷰谷矣. 今則鷰谷栗木成材者已盡, 新植者未長, 前頭研取, 萬萬艱辛, 今若研取於列邑, 則其弊不貲, 極以爲慮矣. 得聞全羅道順天府曹溪山, 光陽縣 白雲山等處, 栗木森密, 而與鷰谷封山, 亦爲對案, 可合於封山云. 自本寺, 爲先發遣郞廳, 摘奸定界, 一依求禮封山例, 以爲長養栗木, 輪回研取之地,

何如? 傳曰, 允.

58) 영조 46년(1770) 1월 15일 ○ 具廙, 以奉常寺官員, 以都提調意啓曰, 本寺國用
栗木封山, 新定於湖南順天·光陽連界處曹溪·白雲山之意, 草記蒙允後, 發
遣郎廳摘奸, 則山勢幽淨, 栗木亦爲森密, 可合於封山, 故已爲往復於巡營,
封標定界, 而其所禁養之道, 專屬於僧民, 然後可以培植守護, 標內僧民,
移屬本寺, 一依鵞谷封山例, 成節目下送, 凡干雜役, 一併蠲減, 以爲長養
栗木之意, 分付道臣, 使之知委施行, 何如? 傳曰, 允.

59) 순조 8년(1808) 10월 15일 ○ 金宗善, 以奉常寺都提調·提調意啓曰, 本寺國用
栗木封山, 依舊例更定於全羅道順天府曺溪山之意, 回啓蒙允後, 發遣郎
廳摘奸, 則山勢幽淨, 栗木森密, 實合封山. 故已爲封標定界, 而其所禁養
之道, 專屬於僧民, 然後可以培植守護, 仙巖寺及山庵僧徒, 標內居民, 移
屬本寺, 一依鵞谷·雙溪封山例, 成節目下送, 凡干雜役, 一竝蠲減, 以爲長
養栗木之意, 分付道臣, 使之知委擧行, 何如? 傳曰, 允.

60) 순조 30년(1830) 3월 3일 ○ 又以奉常寺都提調·提調意達曰, 本寺國用栗木封
山, 依道臣狀請, 新定於湖南順天府曺溪山之意, 回達蒙依後, 發遣郎廳摘
奸, 則山勢幽淨, 栗木森密, 實合封山, 故已爲封標定界, 而其所禁養之道,
一依鵞谷寺封山例, 成節目下送, 凡干雜役, 量宜蠲減, 以爲禁養栗木之
意, 分付道臣, 使之知委擧行, 何如? 令曰, 依.

61)《조계산송광사사고》〈산림부〉에 장막동 산에 대한 지적 신고가 1909년에 있었
다고 명기되어 있다.

62) 국가기록원 http://www.archives.go.kr/next/viewMain.do이 제공하는 조
선총독부 자료 중, '사유림(寺有林)벌채'로 검색하면 송광사의 벌채 기록을
확인할 수 있다.

63) 송광사 인암(忍庵) 스님이 작성한 1962년의 송광사 종무일기에는 17건의 도벌
에 관한 기사가 작성되어 있다.

64) 경향신문 1980년 8월 23일자 〈솔잎혹파리 극성 명승사찰 풍치림 점차 황폐
화〉 기사

65) 심희기 1992《한국법사연구》영남대학교 출판부

66) 세종실록(1427)에 "지금 각도의 사사(寺社)의 시지와 없어진 절의 기지(基地)를
상고하니, 합계한 전지(田地)가 253결(結)이 되는데, 요량(料量)하여 군자감
(軍資監)에 소속시키기를 청합니다."라는 기록에 비추어 볼 때, 왕실은 각 사

찰에 제공했던 시지를 거두어들였다는 정황도 알 수 있다.

67) 이병희 2007 〈고려시기 사원의 시지와 산림〉 청람사학 15집

68) 전영우 2016 《한국의 사찰숲》 모과나무

69) 전영우 2016 《한국의 사찰숲》 모과나무

70) 전영우 2012 〈조선시대 향탄산과 탄봉산과 향탄봉산에 관한 연구〉 산림과학 25: 5~30. 국민대학교 산림과학연구소

71) 전영우 〈조선시대 향탄산과 탄봉산과 향탄봉산에 관한 연구〉 산림과학 25: 5~30. 국민대학교 산림과학연구소. 조선시대의 향탄산은 동서와 남북의 거리와 둘레를 '리'로 표시할 뿐, 정확한 면적을 제시한 예는 없다.

72) 전영우 2016 《한국의 사찰숲》 모과나무

73) 이병희 2007 〈고려시기 사원의 시지와 산림〉 청람사학 15집

74) 송광면 장안리에 거주하는 최광호에게서 2015년 11월 1일 현장 채록

75) 심희기 1992 《한국법사연구》 영남대학교 출판부

76) 김경숙 2002 〈조선 후기 산송과 사회갈등 연구〉 서울대학교 대학원 박사학위 논문

77) 김광식 2006 〈사찰령의 불교계 수용과 대응〉 한국선학 15:619~663. 한국선 학회

78) 국가기록원 http://www.archives.go.kr/next/viewMain.do의 조선총독부 자료 중, '사유림(寺有林)벌채'로 확인할 수 있다.

79) 신은영 2016 〈금어 김용일섭의 연보 연구〉 전남대학교 대학원 문화재학협동 과정 석사학위논문

80) 심경호 2007 《산문기행》 이가서 / 민병수 외 2001 《사찰, 누정, 그리고 한시》 태학사

81) 김태욱 1987 〈조계산 지역 삼림군집의 식물사회학적 연구〉 한국임학회지 76:418~424

82) 김종엽 2012 〈순천시 조계산도립공원 선암사골 계곡부 식물군집구조〉 한국환 경생태학회지 26:593~603

83) 한봉호, 최진우, 노태환, 허지연 2014 〈순천시 조계산 운수암 계곡부 식물군집 구조〉 한국환경생태학회지 28:45~54

84) 탁효정 2012 〈조선시대 王室願堂 연구〉 한국학중앙연구원 한국학대학원 박사학위논문

85) 탁효정 2012 〈조선시대 王室願堂 연구〉 한국학중앙연구원 한국학대학원 박사학위논문

86) 탁효정 2012 《조선궁능원묘조포사조》를 통해 본 조선 후기 능침사의 실태〉 조선시대사학보 61권: 195~229

87) 전영우 1997 《산림문화론》 국민대학교 출판사

88) 朴昞璇 2006 〈朝鮮後期 願堂考〉 백련불교논집 5~6집

89) 전영우 2012 〈조선 시대 향탄산과 탄봉산과 향탄봉산에 관한 연구〉 산림과학 25: 5~30. 국민대학교 산림과학연구소

90) 전영우 2012 〈조선 시대 향탄산과 탄봉산과 향탄봉산에 관한 연구〉 산림과학 25: 5~30. 국민대학교 산림과학연구소

91) 연경묘는 1835년 헌종의 즉위로 부친 효명세자가 왕(익종)으로 추종되어 그 묘도 수릉이라는 능호를 받았다.

92) 朴昞璇 2006 〈朝鮮後期 願堂考〉 백련불교논집 5~6집

93) 현봉 2017 《다송자, 금명보정의 생애와 사상 솔바람 차향기》 도서출판 송광사

찾아보기

6·25전쟁 22, 61, 68, 78, 71, 89, 226
100대 명산지도 75

ㄱ

가구동 15, 101, 105, 106, 110, 207
가동 66
가람 9, 11, 14, 15, 31, 32, 33, 34,
　　　35, 36, 37, 38, 39, 40, 57,
　　　58, 65, 66, 67, 68, 69, 70,
　　　71, 76, 77, 78, 79, 80, 83,
　　　85, 118, 119, 123, 159, 175,
　　　176, 187, 213, 222, 227
가래나무 107
각인 스님 25, 107
감골 150
감당 능력 15, 69, 82, 84, 223
감로암 78, 198, 199, 229
감무 182, 185
감영 139, 140
갑오경장 156
강당 32
강무장 50
강역도 163, 187, 188
개룡교 94, 96
개서어나무 192, 198
개천사 72
갱두 10
건릉 150, 151
건릉향탄봉안소 150
건물부 21, 22, 29, 30
건봉사 72
건영공사 43

건축 자재 37
건축 재료 37
경국대전 57, 102
경급 191, 192, 195, 196, 209, 210,
　　　211, 215, 217, 219
경목수 143
경무청 157
경복궁 59
경전경덕 158, 160, 173
경파 스님 28
경판당 68
고경 스님 10, 11, 182, 186, 187
고동산 93
고려 11, 49, 69, 88, 92
고로쇠나무 192, 198
고봉법장 76, 77
고읍 66, 118, 147
고이현 23
고종 25, 26, 27, 88, 107, 111, 151
곡식루경 76
곡실루채 68
곡천교 96
곰솔 169, 170, 171
공산 50, 133
공유림 111
곶 52
관곽재 54
관문기 115
관수용 43
관용시장 50
관음전 33, 65, 77, 78
광릉 43, 44, 45

광물자원 12, 37
광양 136, 137
광원암 198
광천리 115
교종 57
구동 15, 66, 82, 101, 105, 106, 144, 145, 207
구등평 94, 97
구례 134, 135, 136
구시등봉 94, 95
구실잣밤 61
구역도 198, 202, 204, 207, 209, 211, 213, 215, 217, 219
구황식물 51
국골 145
국사당 33
국사전 33, 61, 65, 78, 122, 157, 158, 175, 176
국용봉산 105
국용주재 135
국유림 27, 111, 114, 159
국유림양여사업 27
군봉 93
군자감 103, 238
굴등동 76, 144, 145, 193, 201
굴목동 144, 145
굴목이골 175
굴목이재 145
굴목재 62, 73, 74, 76
굴목치 141, 209
굴참나무 192, 197, 198
궁내부 115, 137, 138
규봉암 72
규장각 74
극락교 229
극락보전 33

금강문 33
금강산 132
금당 68, 76, 77
금당재순 30
금련경원 28
금명보정 6, 9, 21, 28, 29, 30, 74, 155, 187
금벌림 168
금산 50, 61
금산제도 15, 52, 54, 133
금송패 151, 153
금전출납부 10, 11, 16, 180, 182, 184, 185, 224
금창사사지법 57
금탑사 71
금평 202
금표 53, 90, 92, 96, 104, 115, 150, 151
기림사 150, 151
기산석진 6, 9, 21, 28, 29, 30, 182, 187
길상사 65
김영택 156
김용사 87, 90, 92, 149, 151, 152
김정문 67, 236

ㄴ

나한전 33
낙산 52
낙수 82, 94, 96, 117, 167, 172
낙엽송림 128
낙하당 65
남랑 76
남산 52
남암 골짜기 145
남외면 30

남포석 64
내원사 72
노각나무 192
노령림 192
노령화 42
농경문화 45
농경사회 126, 225
누교 76
느티나무 93, 184, 198
능가사 72
능역 43
능원묘 50, 54
능인전 33
능침사찰 131, 132
능침수호 26, 104, 131, 132
능침수호사찰 26, 104, 132

ㄷ

다송문고 74
다송자 28, 64, 155
다포 형식 39
단풍나무 122, 165, 169, 192, 198
당단풍나무 192
당탑 32
당현 93, 94, 96, 100, 105
대가 76
대가람 65
대경목 59, 170, 192
대경재 39
대동여지도 135
대목 23, 37, 85, 104
대비전 33
대산오만진신조 23
대승계 28
대웅전 33, 39, 40, 65, 66, 77, 78, 80,
    85

대원사 71
대원전 33
대장봉 66, 74
대장전 33, 77
대표수종 195, 196, 211
대한불교중앙총무원 29
도갑사 60, 150, 151
도립공원구역 228
도별장 139, 141
도산직 139, 142
도성당 65, 77, 78
도승조 57
도첩법 57
도총섭 154
도회관 143
독성각 33
산령각 33
산왕각 33
동국대학교 29, 118, 121
동사 32
동암동 144, 145, 201
동화사 34, 59, 60, 87, 90, 92, 149,
    151, 152
등장 10, 74, 88, 107, 144, 189, 190,
    231
땔감숲 25, 49, 51, 89, 90, 103, 104,
    131
땔감 채취권 107
떡갈나무 122, 165, 169

ㄹ

리기다소나무 62, 128, 194, 204, 205

ㅁ

만기요람 135
만월전 33

만인산 131
망봉 66, 74
망수봉 177
명례궁 151
명부전 33, 77, 78
명산대찰 34
명성각 78
명성황후 156
명종실록 104, 132
모가배비골 145
모개방동 144, 145, 201
모경 139
모니점 23
모식도 38
목욕방 68
목장 50
목조가옥 35
묘소 24
묘전궁릉원묘조포사조 132
묘포장 177, 231
무량수전 33
무위사 150
무육 169, 202, 204, 206
문수보살상 23
문수전 33, 77, 78
문재 93, 96
문치 93, 94, 96, 100, 117, 141, 217
물오리나무 169, 170, 171
미륵전 33
미립목지 194
미타전 33
민재 96

ㅂ

박물관 78
발운요 65

밤나무림 128
밤나무벌채허가서 144
밤나무 숲 23, 54, 88, 134, 135
밤나무재 54, 135, 136
방천리 30
배골 94
백경인 115
백로봉 65, 74
백설당 78
백악산 52
백양나무 122, 165
백양사 34, 160
백운산 136, 137
벌교 62, 64, 170
벌채 37
벌채목 143, 175, 184, 231
벌채지 59
벌채허가서 74, 144, 174, 175, 231
벌채허가원 98, 116, 119, 121, 159,
        160, 173, 174, 177, 178,
        179, 188
벌채허가조서 126
범어사 34
범철관 140, 143
법당후동 144, 145, 201
법성료 65, 78
법왕문 77, 78
법주사 34, 72, 133
병문 68, 76
병선 53, 232
병자호란 22, 43, 46, 51, 59, 61
병항동 144
보광명전 33
보림사 71
보육작업 174, 176
보제당 77, 78

보조남암동 144, 145
보조암 76, 145, 201
보조지눌 77
보타전 33
보호관리비 172
봉산 117
봉산경계 90, 92, 97, 99, 116, 118
봉산 관리 21
봉산구 163, 188
봉산구역 116
봉산 금양 26, 59, 131, 132, 133, 134, 149, 153
봉산 금양권 107
봉산리 70, 71, 97, 98, 99, 115, 116, 117, 126, 162, 192, 196, 197, 206, 217, 218
봉산제도 15, 54, 61, 133
봉상시 88, 108, 115, 137, 138, 139, 140, 141, 142, 143
봉수사 131
봉은사 104
봉정사 104
봉표 55, 87, 94, 97, 98, 117, 118, 139, 140, 143, 150, 151
봉황문 229
부역노동 49
부유배 155
부휴선수 77
북당골 93, 95
북두전 33
북암 145, 146
분산수호 24, 61
불일암 78, 198, 200, 229
불전 32, 79
불조전 33, 78, 79
비로전 33

비룡리 28
비석거리 94, 96
비자 183, 184

ㅅ

사감고 78
사고 78
사고편찬 28
사과표 105
사대동 144, 145, 146, 177
사도세자 131
사륜동 94
사리탑 65
사명대사 58
사문 68
사방오리나무 169, 170, 171
사산금산 52
사양산 24, 80, 224
사양현 94, 96
사원전 56, 182
사유림 11, 111, 118, 161, 165, 174, 224
사유림벌채허가원 173
사유지 24
사자루 78, 79
사적 소유 24
사점 24, 50, 51, 54, 59
사지 21, 87
사찰령 61, 173
사찰림 11, 12, 28, 133, 159, 160
사찰유림 11, 234
사찰임야현황도 71, 120
사찰재산처분허가원 173, 174
사찰전답 23
사패지 23, 25, 108
사표 93, 100, 105, 150

산감 30
산도감 154
산령각 33
산록부 177
산림경계 71, 228
산림 경영 계획안 89, 119
산림벌채 119, 157, 159, 176, 189,
    193, 227
산림벌채원 조서 173
산림부 6, 9, 14, 20, 21, 22, 23, 24,
    25, 26, 27, 28, 29, 30, 87,
    90, 91, 92, 93, 94, 95, 100,
    105, 107, 108, 109, 113,
    114, 120, 135, 137, 138,
    141, 144, 147, 148, 151,
    152, 153, 163, 180, 187,
    224, 226, 231
산림사 21, 91, 104, 148, 231
산림 사점 51
산림 소송 103
산림 소유권 15, 27, 85, 91, 102, 110,
    111, 121, 224, 231
산림이용권 50, 107
산림입지토양도 191
산림정책 15, 21, 27, 48, 49, 51, 61,
    85, 102, 133, 159
산림제도 52, 54, 89, 235
산림조합비 172
산림천택여민공지 24, 49, 61, 89,
    102, 110
산림청 41, 42, 45, 71, 73, 74, 120,
    127, 190, 191
산림토양 125, 126, 127, 201
산림학 9, 34, 91, 147, 222
산림학계 91
산림학도 34

산림학자 34, 222
산림행정 54
산림황폐 43, 50, 59, 133, 149, 196,
    202
산문 5, 32, 64
산척 66, 93, 94, 95, 96, 118, 126,
    147, 162, 206, 217
산판 89, 193, 201
삼국사기 131
삼국시대 23, 32
삼국유사 23
삼나무 176, 179, 188, 191, 194, 198,
    200, 201, 229
삼남 134, 135, 152
삼림령 88, 113, 114, 119, 159
삼림법 26, 111, 114, 157, 158
삼보사찰 34, 222
삼산봉산 54
삼일암 77, 78
삼합정 94
상가람마 32
상고 77
상사당 65
상원사 23
상이읍 94, 145
상제례 102
상환암 131
생장률 41, 234
서산대사 58
서양동 144, 145
서운동 144
석거리재 64
석표 172
선법당 68
선암사 25, 62, 85, 88, 93, 107, 108,
    109, 111, 112, 160, 164,

224, 231
선암현 94
선재봉산 54
선종 57, 65
선희궁 133, 151
설법전 65, 78
설월 30, 77
성리학 56, 88, 102, 155
성보박물관 10, 11, 29, 120, 144,
    163, 177, 178, 181, 186,
    198, 200, 231
세조 43, 132
세종실록 103, 132
소경목 192, 204
소광리 55
소구재 96
소나무림 62, 123, 125, 128, 169,
    177, 179, 198, 201, 203,
    213, 214, 229
소나무 벌채 금지 정책 45
소나무 숲 54, 89, 122, 123, 125,
    127, 165, 177, 198, 201,
    202, 210, 213, 215, 217, 229
소리봉 43, 44, 45
소반 160, 161, 167, 168, 170, 171
소빙기 44
소유권 분쟁 15, 21, 25, 85, 91, 102,
    105, 109, 110, 115, 158,
    224, 231
소유권 확립 21
속리산 131, 133
솔잎혹파리 89, 238
송광굴목재 73, 74, 76
송광면 29, 70, 71, 82, 166, 196, 197
송광사 박물관 141
송광사 종무일기 16, 186, 189

송광사지 29, 68, 85
송광산 5, 6, 65, 122
송금정책 61
송목금벌 53
송목금벌사목 52
송암정 93
송정자 94, 96
송피 51
송화봉산 54, 60, 134
송홧가루 54
수각 76
수광전 33
수다라장 33
수릉 151
수사지 104
수선사 65, 68, 77, 78
수선사형지기 68, 76
수호사찰 26, 104, 132, 133
수확 연령 42
숙종 54, 133, 156
순산 55, 166, 225
순조 88, 131, 136, 137, 156, 238
순천 62, 67, 74, 75, 136, 157, 164,
    167, 170
순천군 115, 116, 171
순천군수 25, 107, 108
순천부 88, 115, 136, 142
순천시 28, 29, 70
순천조계산송광사사적부지도 67, 74,
    75
숲 가꾸기 46
승가 85, 226
승당 32
승보 9, 229
승역 60, 147, 155
승정원일기 59, 88, 135, 137, 149,
    151

시기문 78
시루봉 66, 74
시앙골 145
시업기 160, 167, 170
시업안 16, 27, 28, 78, 89, 99, 101,
　　116, 118, 119, 120, 121,
　　122, 123, 124, 125, 126,
　　128, 158, 159, 160, 161,
　　162, 164, 172, 173, 174,
　　175, 176, 179, 188, 196, 226
시장 49, 50, 51, 104, 162, 164, 167,
　　170
시지 23, 24, 89, 90, 91, 92, 103,
　　104, 110, 131, 132, 133
시험림 43, 235
식민지 산림정책 159
식재방법 174
식재본수 174
신갈나무 192, 198
신덕왕후 131
신라 23, 32, 36, 65, 90, 92, 133
신룡 원년 23
신보수교집록 56
신평구 163, 187, 188
신평리 70, 71, 97, 98, 117, 123, 178,
　　191, 192, 195, 196, 197,
　　198, 199, 200, 201, 202,
　　203, 204, 205, 215, 227, 228
신평치 123, 175, 176
신흥구 163, 187, 188
신흥리 70, 71, 93, 98, 101, 115, 116,
　　118, 123, 124, 159, 192,
　　193, 196, 197, 206, 207,
　　209, 210, 211, 212, 213,
　　214, 215, 216, 227, 228
신흥사 34, 72, 136, 137

실상동 144, 145
실상암 145, 201
심검당 65, 78
쌍계동 135, 136
쌍계사 60, 90, 92, 136, 137, 138,
　　139, 141, 152
쌍봉사 72

◉

아미타전 33
아홉구비들 94
안동 104
안면도 56
안산 94, 96
안양전 33
안정사 59, 60, 87, 149, 151, 152
애림사상 162, 166
약사전 33, 65, 78
유리광전 33
유리전 33
양근 104
양주 132
어의궁 133
여순반란 79, 89
역제도 24, 49
연경묘 150, 151
연경묘향탄산인계하불령봉표 150
연고권 107, 113, 231
연곡사 60, 87, 88, 90, 92, 134, 135,
　　136, 137, 138, 139, 141, 152
연산봉 73, 74, 177
연산사거리 73, 76
연화전 33
영각 33
영광현 136

영급 170, 191, 192, 193, 195, 196,
  202, 204, 210, 211, 215,
  217, 219
영산전 33, 65, 78
팔상전 33
영아문 51
영원전 33
영조 88, 134, 135, 136, 137, 149,
  237, 238
영취산 136, 137
예조 144, 149, 151, 231
예천 87, 149, 151, 152
오대산 23
오도재 93, 96, 206, 207, 211
오도치 93, 94, 96, 100, 101, 105,
  141, 193, 206
오리나무류 196
오미실 96
오백나한전 33
옥등봉 66, 74
와장 37
완도 56
완문 87, 134, 151, 153
완산구 30
왕실기도처 132
왕실축원사찰 104
왜림작업 169, 170, 171, 176, 180
외루문 76
외문치 93, 94, 96, 100, 105, 141
외방금산 53
외송 118, 147, 187, 188, 201, 202
용문사 59, 60, 87, 149, 151, 152
용은완섭 6, 9, 21, 29, 30, 187
용주사 131
용화당 78
용화전 33, 78

우화각 78
운구재 145
운문사 72, 149, 151
올폐도 193, 195, 196, 209, 215, 217,
  219
원금 12, 37, 40, 41
원당사찰 26
원두채 68
원릉 149, 151
원림 32
원목량 39
원용요 65
원찰 131, 132
원통보전 33
월계 104
월은마을 94
월정사 34, 72
월조헌 79
위패 26
유교자류 155
유동루량 76
유래 20
유령림 192
유마사 71
유점사 132
유정 58
윤벌기 160, 170, 174
율목경차관 140, 141, 142, 143
율목봉산 15, 16, 26, 27, 54, 60, 61,
  69, 87, 88, 92, 93, 94, 95,
  97, 98, 99, 100, 101, 105,
  106, 116, 117, 118, 119,
  120, 134, 135, 136, 137,
  138, 141, 142, 143, 146,
  147, 148, 152, 155, 156, 230
율암 77, 156

융희 88
웅진전 33, 79
응향각 77, 78
의송산 52
이읍구 163, 187, 188
이읍리 70, 71, 98, 99, 117, 126, 145,
    162, 165, 192, 196, 197,
    206, 207, 219, 220
이읍촌 93, 94, 141
이천장골 145
익공 형식 39
인공림 46
인공조림 171, 172
인구치 62, 117, 123, 175, 176, 217,
    219
인귀봉 66, 74
인물부 21, 22, 29
인암 스님 10, 11, 186, 187, 188
임경당 65, 76, 79
임령 179, 180
임목 35, 40, 41, 42, 43, 45, 46, 47,
    61, 83, 84, 85, 188, 190, 223
임목축적 40, 41, 42, 43, 45, 46, 47,
    61, 83, 84, 223
임목축적량 41, 42, 45, 46, 47, 83,
    223
임무 10, 26, 30, 131, 132, 141, 143,
    153, 172, 185
임반 159, 160, 161, 168, 169, 170,
    171, 172, 175, 176, 177,
    178, 179, 180
임분 120, 190, 193
임산물 25, 34, 50, 60, 82, 84, 160,
    162, 167, 182, 183, 184
임산연료 40, 46, 125, 189
임상도 127, 128, 191, 194, 195

임야임상도 72
임야조사사무소 115
임야조사사업 15, 27, 89, 99, 106,
    113, 114, 115, 116, 117,
    118, 121
임인화재보 77
임적조사사업 112, 113, 114
임제선종 65
임지 91
임지비옥도 190
임지생산력 195, 197, 209, 210, 215,
    217, 219
임진왜란 22, 43, 46, 51, 57, 58, 59,
    61, 76
임황 160, 165, 169, 177, 178, 179,
    190, 191, 195, 196

ㅈ

자복사 57
잡목림 177, 178
잡부 21, 22, 29
잡색역 49
잡세제도 24, 49
잣나무 104
장경각 78
장고봉 66, 74
장년림 192
장례원 137, 138, 151
장류전 33
장막골 73
장막동 15, 25, 93, 105, 106, 107,
    108, 109, 110, 111, 116,
    177, 231
장막봉 66, 74
장박골 73, 93
장벌기 169

장사 23
장안리 29, 71, 97, 98, 99, 116, 117,
　　118, 121, 126, 162, 165,
　　206, 219
장안마을 94
장안문 39
장안천 93
장안촌 94, 96
장인 10, 37
재건 일기장 10, 186
재목량 39, 83
전각 9, 32, 33, 35, 36, 40, 41, 57,
　　66, 67, 68, 69, 77, 78, 81, 85
전국명산지도첩 73, 75
전국산림자원조사 127
전남도지 29
전동 30, 144
전라관찰사 108, 137, 138
절목 27, 105, 106, 115, 134, 138,
　　140, 144, 146, 147, 153,
　　154, 155, 157
접치 93, 100, 101, 105, 106, 187,
　　188, 207
정릉 131
정암사 72
정유재란 76, 77, 79, 80, 81
정조 131, 150, 151, 195, 197
정혜사 77, 78
제실림 111
제와용 가마 35
제탄작업 180, 181
제향자재 54
조계봉 65, 74, 105, 145, 199
조계산 6, 9, 11, 21, 22, 28, 29, 64,
　　65, 67, 73, 75, 82, 85, 87,
　　88, 89, 93, 122, 126, 128,

136, 137, 151, 152, 164,
　　187, 222, 224, 228
조계산 도립공원 89, 228
조계산송광사사고 6, 9, 21, 22, 28,
　　29, 87, 151, 152, 187, 224,
　　233, 237, 238
조계암동 144, 145
조림법 160
조림비 160, 171, 172, 176, 180
조선고적도보 68
조선삼림령 113, 114
조선왕조실록 90, 131, 134
조선일보사 73, 233, 236
조선임야분포도 112, 113
조선임야조사령 113, 114
조선총독부 27, 34, 98, 113, 114,
　　116, 119, 157, 158, 159,
　　174, 177
조선통감부 15, 111, 113
조선특별연고삼림양여령 114
조포사조 132, 233, 234, 240
졸참나무 122, 165, 169, 192
종각 65, 77, 78
종고각 78
종고루 78
종무일기 11, 16, 186, 187, 188, 189,
　　224, 232, 238
주고 32
주암댐 121, 236
주암면 28, 70, 71, 115, 116, 196,
　　197
주암호 71, 89, 96, 206
주재 88, 134, 135, 143, 144, 152,
　　231
죽림 194
죽물 184

중경목 192, 204, 209, 215
중정 65
증봉 66, 74
증심사 72
지경동 93, 94, 100, 105
지경터 94
지구온난화 125, 128, 225, 226
지눌 65, 77
지장 33, 37
지적신고 26, 27, 61, 89, 111, 114, 118
지황 160, 164, 168, 190, 191, 195, 197
직세봉 65, 74
진각혜심 77
진남루 175, 176, 178
진남문 78
진목봉산 54
진상공물제도 24, 49
진여문 78
진여원 23
진촌 66, 82, 94, 96, 100, 118, 147

★

차감 140, 141, 142
차안당 78
참나무 54, 176, 179, 181, 184, 198, 207
참나무류 122, 177, 178, 180, 192, 194, 196
참나무 숲 54
참피나무 122, 165
찾아가는 100대 명산 지도 73
채바퀴골 94
챗박골 94
척불훼석 155

천불전 33
불조전 33, 78, 79
천연림 176, 179
천연활엽수림 44
천왕문 33, 78
천이과정 126
천자암 29, 74, 76, 78, 144, 145, 146, 219
청도 88, 134, 149
청량리 156
청운당 78
청죽 184
청채동 144
촌락 44
총독부 벌채 허가원 118
총독부 사유림 시업안 118
총섭 28, 139, 140, 141, 142, 148, 151, 154, 155
축적량 42, 45
취봉 77, 182
취암 156
취월 29
취정루 79
측가 68, 76
층층나무 122, 165
칠당가람 32
칠불사 136, 137
칠성각 33
칠장 37
침계루 65
침엽수림 41, 123, 125, 126, 169
침엽수임공림 128
침활혼효림 123, 124, 125, 165, 169, 179, 194, 209, 215

ㅌ

탄감 30
탄금봉 66, 74
태봉 25
태봉산 26, 54, 89, 91
태실봉안 131, 132
태실수호사찰 26, 104
태조 49, 131, 132
태종 132, 235
토다리 75, 193
토지대장 111
통도사 34, 59, 72, 151, 160, 229
통일신라시대 32

ㅍ

파계사 133
팔달문 39
팔만장경각 154
팔상전 33
패산직 139, 140, 142
편백 176, 178, 179, 180, 191, 194,
        198, 200, 201, 229
평촌 66, 82, 94, 96, 100, 118, 147,
        201, 202
표훈사 132
피아골 73, 75, 76, 145, 175
피액동 75, 76, 144, 145, 201
필지 27

ㅎ

하동 135, 136
하사당 65, 78
학봉 66, 74
한국 산림사 21, 91
한국 임업사 21, 91, 147
한국임업진흥원 123, 190, 191, 235

한일병탄 61, 67
함월산 150, 151
해은재선 30, 182
해인사 34, 59, 60, 72, 90, 149, 151,
        152, 156, 229
해자림 50
해청당 65, 78, 79
해탈문 77, 78
행정구 71, 163, 188
행정리 70, 74, 106, 115, 116, 118,
        119, 158, 159, 176, 177,
        178, 192, 196, 197, 206,
        207, 208, 215
행해당 78
향임 55
향적전 78
향탄봉산 15, 16, 26, 27, 54, 60, 61,
        87, 88, 100, 101, 106, 116,
        118, 120, 134, 149, 151,
        152, 153, 154, 155, 156,
        230, 233, 234, 236, 237,
        239, 240
향탄산 149, 150, 151, 152, 233, 239,
        240
헌릉원 131
현봉 스님 28, 64, 155, 236
현종 151, 240
혜준 156
호국 불교 32
호남선 64
호령봉 66, 74, 75, 109, 193
호봉 29, 108
혼효림 41, 43, 45, 62, 123, 124, 128,
        165, 169, 177, 179, 198,
        201, 208, 209, 212, 213,
        214, 216, 218, 220, 235

혼효림 축적 45
혼효비율 169
홍굴 145
홍동 144, 145
홍릉 115, 137, 138, 151, 153, 156
화강편마암 165
화공미 154
화봉 66, 74
화석 42
화석연료 35, 46
화석자원 12, 37
화성 39
화엄사 34
화엄전 33, 78
화장루 78
화전 27, 33, 43, 44, 46, 54, 59, 78,
      99, 117, 126, 140, 162, 219
환경 보전림 52
활엽수림 41, 44, 122, 123, 125, 126,
      127, 128, 162, 165, 169,
      179, 191, 192, 201, 209,
      215, 235
황장목 139
황장봉산 54, 135
황장봉표 55
회암사 132
회종 65, 68
효명 23, 151, 240
휴정 58
흑동 144
흥천사 131

송광사
봉산숲

송광사 봉산숲은 왕실에서 필요한 위패 제작용 밤나무 목재와 왕릉의 제향자재인 향탄(炭)을 조달하고자 지정한 율목봉산(栗木封山)과 향탄봉산(香炭封山)을 일컫는 말이다. 송광사는 1830년 조계산 일원의 사찰숲을 율목봉산으로 확정하였고, 1900년에는 향탄봉산으로 다시 지정하여 산림을 온전히 지켜낸 구체적 기록을 사지로 남겼다. 송광사는 봉산 관련 문서를 보유한 국내 유일의 사찰로 유명하다.

송광사 율목봉산 장패(왼쪽),
향탄봉산 수호총섭 금송패(가운데)
《조계산송광사사고》산림부(오른쪽)

256

송광사 봉산숲의 변천

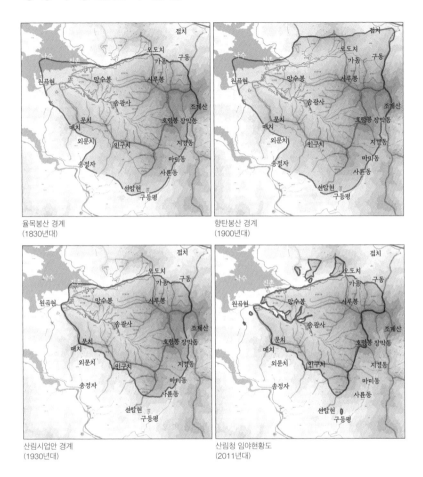

율목봉산 경계
(1830년대)

향탄봉산 경계
(1900년대)

산림시업안 경계
(1930년대)

산림청 임야현황도
(2011년대)

송광사 봉산숲은 1830년 율목봉산으로 지정된 이래, 근 200여 년 동안 철저하게 지켜온 사찰숲이다. 1900년 향탄봉산으로 다시 지정되면서 접치 구역까지 확장시켜 숲의 면적을 더 늘렸지만, 일제강점기에 지적조사를 통해 1,570ha를 등기함으로써 실질적인 사찰 소유의 숲이 되었다. 동국대학의 재정 확충을 위해 1964년 일부 산림을 무상으로 양여한 결과, 오늘날은 전국에서 11번째로 넓은 1,356ha의 사찰숲을 보유하고 있다.

조선시대 송광사 접근 통로

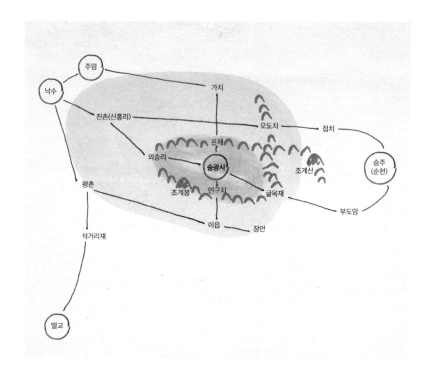

송광사에 차량이 드나들 수 있는 신작로가 생긴 것은 1930년이다. 그 이전에는 낙수에서 오미실(진촌)을 거쳐 외송리로 들어오는 서쪽 길이 송광사로 통하는 가장 큰길이었다. 그밖에 동·남·북 방향으로 산 고개를 넘는 지름길이 있었다. 남쪽의 이읍(장안리)에서 인구치를 넘는 길, 동쪽의 승주 방향에서 접치와 오도치와 관재를 넘는 길, 북쪽의 주암 방향에서 가치와 관재를 넘는 산길이 지름길로 애용되었다. 불일암 뒤의 봉우리가 망수봉(망봉)으로 불린 유래는 오도치를 넘는 벼슬아치 영접을 위해 이 봉우리에서 망을 봤기 때문이라는 설도 있다.

오늘날 송광사를 찾는 순례객들이 가장 애용하는 산길은 선암사와 연결되는 굴목재 길이다. 오도치와 인구치를 넘는 고갯길은 등산객만이 가끔 찾는 길이 되었다.

송광사 봉산 답사

송광사는 율목봉산을 획정할 1830년 당시 4곳(오도치, 지경동, 외문치, 당현)에 금표(禁標)를 설치하였다. ①오도치(진촌, 현 지명 신흥리에서 접치로 갈 때 넘는 고개)와 ②지경동(장박골 보리밥집 부근)은 오늘날도 쉽게 접근할 수 있다. 이밖에 장박골 아래의 챗박골(사룡동), 아홉구비들(구등평), ③평촌의 비석거리, 오미실(신흥리 부근) 등 10곳에도 봉표(封標)를 세웠다. 200년 전 송광사 봉산숲(1,600ha 이상)의 일부가 오늘날 마을과 도로와 주암호로 변했지만, 그 면적이 상당히 넓었음을 새삼 확인할 수 있다.

❶ 오도치의 간이 산행 표지

❷ 평촌 옛 비석거리 표지

❸ 지경동(장박골)의 표지

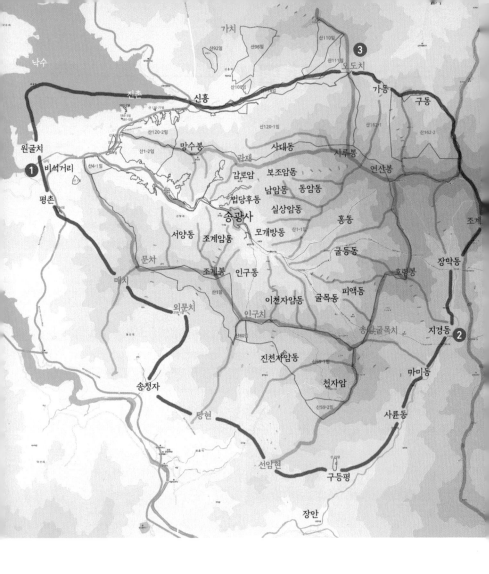

송광사 율목봉산(갈색 실선 내부)은 산 봉우리 안쪽의 내산과 바깥쪽의 외산 지역으로 나뉜다. 외산 자락에는 장안, 산척, 평촌, 낙수, 진촌, 가구동 마을이 흩어져있다. 지도에는 위패제작용 밤나무 목재를 확보하고자 밤나무를 심고 육성한 송광사 내산의 각 골짜기가 표기되어 있다. 지도상의 붉은 실선은 송광사가 2011년 당시 소유한 필지별 임지의 구역을 나타내며, 붉은 글씨는 임지의 지번이다.